JN040710

Pythonによる 実務で役立つ データサイエンス 練習問題 2

200+

科学計算の基礎と 予測・最適化

久保幹雄 [著]

朝倉書店

序

Python の様々なライブラリ（パッケージ）の使用法を練習問題を通して学習する.

はじめに

世の中には例題を読ませるだけの教育が氾濫しているが，本当にできるようになるためには，練習が欠かせない．ここでは，Python を用いたデータアナリティクスを本当に自分でできるようになるための練習問題を集めた．できれば解答をコピペするのではなく，自分の力で考え，自分で試行錯誤をし，自分で書いてみることを勧める．さらに本書は，単にプログラムが書けるだけでなく，例題と練習問題を通して，背景にある理論を理解し，自分で実際の問題を解決できることを目標としている.

本書は，JupyterLab で記述されたものを自動的に変換したものであり，以下のサポートページで公開している．コードも一部公開しているが，ソースコードを保管した GitHub 自体はプライベートである．本を購入した人は，サポートページで公開していないプログラムを

  https://www.logopt.com/kubomikio/analytics.zip

でダウンロードすることができる．ダウンロードしたファイルの解凍パスワードは R#2i_de!ah である.

作者のページ

  https://www.logopt.com/kubomikio/

サポートページ

  https://scmopt.github.io/analytics/

出版社のページ

https://www.asakura.co.jp/detail.php?book_code=12281
https://www.asakura.co.jp/detail.php?book_code=12282
https://www.asakura.co.jp/detail.php?book_code=12283

内容

- 数値計算パッケージ NumPy
- データ解析パッケージ Pandas
- 可視化パッケージ matplotlib と seaborn
- 対話型可視化パッケージ Plotly
- データを可視化するための方法（Plotly Express）
- Python 言語の先進的プログラミング（ジェネレータ，simpy によるシミュレーション，型ヒント，dataclasses，pydantic パッケージによる型の厳密化，既定値をもつ辞書 defaultdict，map 関数，正規表現，JSON，Requests パッケージ，OpenPyXL による Excel 連携，Streamlit による Web アプリ作成）
- statsmodels を用いた統計分析
- 科学技術計算パッケージ SciPy
- PyMC によるベイズ推論と Prophet による時系列データの予測
- グラフ・ネットワークパッケージ NetworkX
- PuLP と Gurobi/Python による最適化問題のモデリング
- SCOP による制約最適化のモデリング
- OptSeq によるスケジューリング最適化のモデリング
- scikit-learn を用いた機械学習
- fastai による深層学習
- PyCaret を用いた自動機械学習

プログラミング環境の整え方

- ブラウザしかない場合：Google Colab（https://colab.research.google.com）を使う．Jupyter Notebook が動き，Google Drive に保管される．
- パッケージ（モジュール）のインストールには pip を使う．Google Colab 内では !pip

とする.

- 自分の PC にインストール 1：全部入りの anaconda（`https://www.anaconda.com/products/individual`）をダウンロードして入れる. Juputer Lab など色々いっぺんに入る. Plotly や fastai や prophet は別途 conda コマンドでインストール.

- 自分の PC にインストール 2（専門家向け）：仮想環境を作り個別に環境を整備する. 仮想環境とパッケージ管理は Poetry（`https://python-poetry.org/docs/`）もしくは conda（`https://docs.conda.io/`）を推奨.

- Poetry の場合：Python 3.x（`https://www.python.org/downloads/`）を入れたあとで, Poetry をインストール. Poetry の使い方については, 以下のビデオを参照. 「poetry add パッケージ名」で諸パッケージをインストールする.

現在の環境（pyproject.toml）

```
[tool.poetry.dependencies]
python = ">=3.8,<3.10"
matplotlib = "^3.5.3"
scipy = "^1.5.4"
plotly = "^5.10.0"
seaborn = "^0.11.2"
numpy = "^1.18"
networkx = "^2.8.6"
vega-datasets = "^0.9.0"
statsmodels = "^0.13.2"
yellowbrick = "^1.0"
holidays = "^0.15"
jupyterlab = "^3"
fastai = "^2.7.9"
ipywidgets = "^8.0.1"
widgetsnbextension = "^4.0.2"
graphviz = "^0.20.1"
pycaret = "^2.3.10"
pydantic = "^1.9.2"
simpy = "^4.0.1"
openpyxl = "^3.0.10"
watchdog = "^2.1.9"
gurobipy = "^9.5.2"
mypulp = "^0.0.11"
pyvis = "^0.2.1"
```

```
nbconvert = "5.6.1"
jupyter-client = "6.1.2"
nbdev = "^1.1.23"
Cython = "^0.29.32"
scikit-learn = "^0.23.2"
streamlit = "^1.12.0"
numba = "0.53.1"
Jinja2 = "3.0"
pandasgui = "^0.2.13"
amplpy = "^0.8.5"
shap = "^0.41.0"
pystan = "2.18"
black = "^22.12.0"
nb-black = "^1.0.7"
prophet = "^1.1.1"
```

目　　次

第 1 巻・第 3 巻略目次

9 科学技術計算パッケージSciPy

- 科学技術計算のためのパッケージ SciPy について解説する.

SciPy（`http://www.scipy.org/`）は様々な科学技術計算のための実装を含むパッケージである.

ここでは，以下のサブパッケージについて解説する.

- optimize: 非線形最適化と方程式の根
- spatial: 計算幾何学
- stats: 確率・統計
- interpolate: 補間
- integrate: 積分

関連動画

9.1 最適化

SciPy の最適化サブパッケージ optimize をとりあげる.

これには，非線形最適化ならびに非線形方程式の根を求めるための解法が含まれる.

■ 9.1.1 1 変数用の minimize_scalar

最初の例として，以下の 1 変数関数の最小化を考える.

$$f(x) = x/(1 + x^2)$$

これは，$x = -1$ のとき最小値 $-1/2$ をとる. 以下の方法で確認しよう.

- グラフによる確認
- Brent 法
- 黄金分割法
- 引数 bounds で範囲を与えた Brent 法

```
%matplotlib inline
import numpy as np
import matplotlib.pyplot as plt


def f(x):
    return x / (1 + x**2)


x = np.linspace(-10, 10, 100)
y = f(x)
plt.plot(x, y);
```

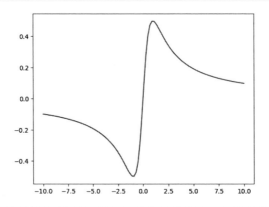

```
from scipy.optimize import minimize_scalar

print("Brent================================")
print(minimize_scalar(f, method="Brent"))

print("Golden================================")
print(minimize_scalar(f, method="Golden"))

print("Bounded================================")
print(minimize_scalar(f, bounds=(-2.0, -1.5), method="Bounded"))
```

```
Brent================================
     fun: -0.5
    nfev: 14
     nit: 9
 success: True
       x: -0.9999999915247861
Golden================================
     fun: -0.5
    nfev: 45
```

```
      nit: 39
  success: True
        x: -0.9999999904634918
Bounded=====================
      fun: -0.4615379352317438
  message: 'Solution found.'
     nfev: 24
   status: 0
  success: True
        x: -1.500004447286288
```

■ 9.1.2 複数変数用の minimize(f,x0)

minimize(f,x0) は，複数の変数をもつ関数 f を初期解 x_0 からの探索で最小化をする．引数 method で探索のためのアルゴリズムを設定することができる．以下のアルゴリズムが準備されている．

* "Nelder-Mead": Nelder–Mead 法 (単体法)
* "Powell": Powell の共役方向法
* "CG": 共役勾配法 (conjugate gradient)
* "BFGS": Broyden–Fletcher–Goldfarb–Shanno(BFGS) 法
* "Newton-CG": Newton 共役勾配法
* "L-BFGS-B": 記憶制限付き BFGS 法
* "TNC": 打ち切り Newton 共役勾配法
* "COBYLA": Constrained Optimization BY Linear Approximation （線形近似による解法）
* "SLSQP": Sequential Least SQuares Programming
* "dogleg": ドッグレッグ信頼領域法
* "trust-ncg": 信頼領域 Newton 共役勾配法
   その他の引数には，以下のものがある．
* jac : 勾配ベクトル（Jacobian）
* hess : Hesse 行列（Hessian）
* bounds :上下限（限界値）制約
* constraints: 一般の制約式（= 0 もしくは ≥ 0）を表す辞書で，以下のキーと値の組をもつ．
   - 制約の種類：文字列 "type" をキー，制約の種類を表す文字列（"eq", "ineq"）を値
   - 制約関数: 文字列 "fun"をキー，制約を表す関数を値
   - 制約の勾配ベクトル（Jacobian）：文字列 "jac"をキー，Jacobian を表す関数を値

制約の例: 不等式 $x_0 + 2x_1 \geq 10$ を表す制約

```
{"type": "ineq", "fun": lambda x: x[0] + 2*x[1] -10}
```

■ 9.1.3 制約なし最適化

制約なし最適化の具体的な例を示す.

a. Rosenbrock 関数

Rosenbrock 関数は, 以下のように定義されるテスト用の非線形関数である.

$$f(x_1, x_2, \ldots, x_n) = \sum_{i=1}^{n-1} (100(x_i^2 - x_{i+1})^2 + (1 - x_i)^2)$$

これは, optimize サブパッケージに含まれており, 以下の関数が提供されている.

- 関数: rosen
- Jacovian: rosen_der
- Hessian: rosen_hess

$x = (1, 1, \ldots, 1)$ のとき最小値をとる.

2 次元の Rosenbrock 関数を plotly を用いて描画する.

```
import plotly.graph_objs as go
from scipy.optimize import rosen

X, Y = np.mgrid[-2:2:0.05, -1:3:0.05]
Z = rosen([X, Y])

fig = go.Figure(go.Surface(x=X, y=Y, z=Z, surfacecolor=np.log(Z + 0.01)))
fig.update_layout(autosize=False, width=800, height=500)
fig.show()
```

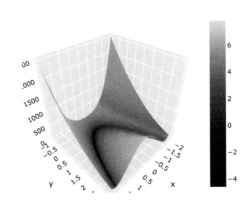

5 次元の場合に対して, 以下の解法を比較する.

- 単体法（Nelder-Mead 法: 勾配情報なし）
- BFGS（準 Newton 法）（勾配情報のみ使う）
- 信頼領域 Newton 共役勾配法（勾配と Hessian）

```python
from scipy.optimize import minimize, rosen, rosen_der, rosen_hess

x0 = [2.0 for i in range(5)]
res = minimize(rosen, x0, method="Nelder-Mead")
print(res.x)

res = minimize(rosen, x0, jac=rosen_der, method="BFGS")
print(res.x)

res = minimize(rosen, x0, jac=rosen_der, hess=rosen_hess, method="trust-ncg")
print(res.x)
```

```
[1.00000047 1.00000079 1.0000027  1.00000292 1.00000473]
[0.99999999 0.99999998 0.99999995 0.99999992 0.99999985]
[1.        1.        1.        0.99999999 0.99999993]
```

勾配の情報や 2 次導関数の情報（Hessian）を使うと，誤差が減少することが見てとれる．

b. Beale 関数

Beale 関数は，以下のように定義される．

$$f(x_1, x_2) = \sum_{i=1}^{3} (c_i - x_1(1 - (x_2)^i))^2$$

定数を $c_1 = 1.5, c_2 = 2.25, c_3 = 2.625$ と設定すると，$x_2 = 1$ 付近で湾曲し，$x = (3, 0.5)$ のとき最小値 $f^* = 0$ をとることが知られている．

以下では，次の 2 つの解法で比較する．

- 単体法（Nelder-Mead 法）
- BFGS（準 Newton 法）

```python
c = {1: 1.5, 2: 2.25, 3: 2.625}
X, Y = np.mgrid[-5:5:0.05, -5:5:0.05]
Z = sum((c[i] - X * (1 - Y**i)) ** 2 for i in range(1, 4))
fig = go.Figure(go.Surface(x=X, y=Y, z=Z, surfacecolor=np.log(Z + 0.01)))
fig.update_layout(autosize=False, width=800, height=500)
fig.show()
```

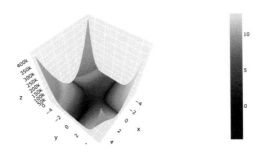

```
f = lambda x: (1.5 - x[0] + x[0]*x[1])**2 + (2.25 - x[0] + x[0]*x[1]**2)**2 + ↵
    (2.625 - x[0] + x[0]*x[1]**3)**2

x0 = np.array([3., 4.])
res = minimize(f, x0, method="Nelder-Mead")
print(res.x)

res = minimize(f, x0, method="BFGS")
print(res.x)
```

```
[2.99998442 0.49999542]
[2.99999973 0.49999993]
```

c. Powell 関数

Powell 関数は以下のように定義される.

$$f(x_1, x_2, x_3, x_4) = (x_1 - 10x_2)^2 + 5(x_3 - x_4)^2 + (x_2 - 2x_3)^4 + 10(x_1 - x_4)^4$$

これは, $x = (0, 0, 0, 0)$ が最適 (最小) 解で, 最適値は $f^* = 0$ となる.

この関数は, 最適解における Hesse 行列が特異であるという特徴をもつ.

```
f = (
    lambda x: (x[0] - 10 * x[1]) ** 2
    + 5 * (x[2] - x[3]) ** 2
    + (x[1] - 2 * x[2]) ** 4
    + 10 * (x[0] - x[3]) ** 4
)

x0 = np.array([1.0, 1.0, 1.0, 1.0])
res = minimize(f, x0, method="Nelder-Mead")
print(res.x)

res = minimize(f, x0, method="BFGS")
print(res.x)
```

```
[-0.00177249 -0.00017725 -0.00096623 -0.00096655]
[-0.00481907 -0.00048192  0.00110423  0.00110421]
```

　上の結果から，単体法（Nelder-Mead 法）と BFGS（準 Newton 法）は，ほぼ同等の精度の解を算出することが分かる．

d.　Ackley 関数

Ackley 関数は以下のように定義される．

$$f(x, y) = -20 \exp\left(-0.2\sqrt{0.5\left(x^2 + y^2\right)}\right) - \exp\left(0.5\left(\cos\left(2\pi x\right) + \cos\left(2\pi y\right)\right)\right) + e + 20$$

ただし，定義域は $-5 \leq x, y \leq 5$ である．

　この関数は，以下の図に示すように多くの局所的最適解をもち，最適（最小）解は $x = (0, 0)$ で，最適値は $f^* = 0$ である．

```
X, Y = np.mgrid[-3:3:0.05, -3:3:0.05]
Z = (
    -20 * np.exp(-0.2 * np.sqrt(0.5 * (X**2 + Y**2)))
    - np.exp(0.5 * (np.cos(2 * np.pi * X) + np.cos(2 * np.pi * Y)))
    + np.exp(1)
    + 20
)
fig = go.Figure(go.Surface(x=X, y=Y, z=Z, surfacecolor=Z))
fig.update_layout(autosize=False, width=800, height=500)
fig.show()
```

```
f = (
    lambda x: -20 * np.exp(-0.2 * np.sqrt(0.5 * (x[0] ** 2 + x[1] ** 2)))
    - np.exp(0.5 * (np.cos(2 * np.pi * x[0]) + np.cos(2 * np.pi * x[1])))
    + np.exp(1)
    + 20
)

x0 = np.array([1.0, 1.0])
res = minimize(f, x0, method="Nelder-Mead")
```

```
print(res.x)

res = minimize(f, x0, method="BFGS")
print(res.x)
```

```
[0.96852082 0.96848094]
[-5.57330182e-09 -5.57330182e-09]
```

上の結果から，多くの局所的最適解をもつ多峰性関数に対しては，最適解の近くから
探索をしないと，最適解に到達しない場合があることが分かる．

問題 91

Ackley 関数の初期点 $x0 = (x, y)$ を定義域 $-5 \leq x, y \leq 5$ 内で色々変えて実験を行え．

問題 92

$f(x, y) = x^2 + xy + y^2$ を最小にする解を共役勾配法（引数 method は"CG"）を用い
て最小化せよ．

問題 93

$f(x, y) = \sqrt{1 + x^2 + y^2}$ を Nelder–Mead 法（引数 method は"Nelder-Mead"）と BFGS
法（引数 method は"BFGS"）を用いて最小化せよ．また解の精度を比較せよ．

問題 94

$f(x, y) = x^3 - 3xy + y^3$ を BFGS 法（引数 method は"BFGS"）で最小化せよ．初期
点を色々変えてみて，どのような解が得られるか観察せよ．

```
X, Y = np.mgrid[-3:3:0.05, -3:3:0.05]
Z = X**3 - 3 * X * Y + Y**3
fig = go.Figure(go.Surface(x=X, y=Y, z=Z, surfacecolor=Z))
fig.update_layout(autosize=False, width=800, height=500)
fig.show()
```

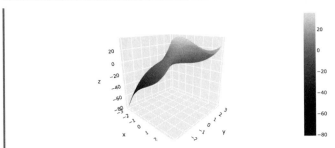

問題 95　（動的価格付け問題）

あなたはスーパーの店長だ．普段 100 円で販売している卵の値段を変えて収益を最
大化することを考えている．現在の価格での販売量は 1 日 50 個で，1 円値下げすると

2個余計に売れるようになり，逆に1円値上げすると2個売れないようになると推測されている．さて，おおよそ何円で売れば良いだろうか？

問題 96 （経済発注量問題）

あなたは工場の在庫管理部長だ．いま，ある品目の発注費用が1回あたり1000円で，在庫費用が1日あたり1個あたり1円と推定されている．1日あたりの需要量を100個としたとき，何日おきに発注すれば良いだろうか？

変数は品目の発注間隔（サイクル時間）であり，それを x とすると，1日あたりの発注費用は $1000/x$，在庫費用は $(1 \cdot 100 \cdot x)/2$ と書くことができる．

発注費用と在庫費用の和を最小化する発注間隔を求めよ．ただし，発注間隔は整数でなくても良いものとする．

問題 97 （放物線）

鳥が放物線 $y = x^2 + 10$ を描いて飛んでいる．いま $(10, 0)$ の位置にいるカメラマンが，鳥との距離が最小の地点でシャッターを押そうとしている．鳥がどの座標に来たときにシャッターを押せば良いだろうか？

問題 98 （楕円軌道）

彗星が地球に接近している．地球を原点 $(0, 0, 0)$ としたとき彗星の描く軌道は曲面 $2x^2 + y^2 + z^2 = 1000$ 上にあることが予測されている．地球に最も接近するときの距離を求めよ．

■9.1.4　制約付き最適化

半径 $\sqrt{2}$ の円内の制約の下で $x + y$ を最大化する．制約付きの場合は，以下の解法を用いる必要がある．

- COBYLA（線形近似法；Constrained Optimization BY Linear Approximation）
- SLSQP（逐次最小2乗法；Sequential Least SQuares Programming）

目的関数や制約式は，普通の関数（def で定義）で書いても，lambda 関数として書いても良い．以下の例では2通りの書き方で目的関数を書いている（SciPy での目的関数は最小化なので，−1 を乗じてある）．

制約は辞書を用いて定義する．辞書には，以下のキーと値の対を入れる．

- "type": 制約のタイプを表すキーで，等式のときは "eq"，不等式のときには "ineq" を値に入れる．
- "fun": 制約を表す関数を入れるためのキーで，制約の左辺を表す関数を値に入れる．制約は，左辺が0以上という不等式制約になる．

以下の例では，$x^2 + y^2 \le 2$ を $-x^2 - y^2 + 2 \ge 0$ に直してから入れている．

その後に，minimmize 関数で最小化するが，制約が複数ある場合には，制約（辞書）

のリストを constraints 引数に入れる.

```
from scipy.optimize import minimize

def f(x):
    return -x[0] - x[1]


bnds = ((0, None), (0, None))  # 上下限制約の入れ方
f = lambda x: -x[0] - x[1]
con = {"type": "ineq", "fun": lambda x: -x[0] ** 2 - x[1] ** 2 + 2}
res = minimize(fun=f, x0=[2, 2], method="COBYLA", constraints=con)
print("COBYLA========= \n", res)
res = minimize(fun=f, x0=[2, 2], method="SLSQP", constraints=con)
print("SLSQP========= \n", res)
```

```
COBYLA=========
      fun: -2.000000006134913
    maxcv: 2.0000961775679116e-08
  message: 'Optimization terminated successfully.'
     nfev: 47
   status: 1
  success: True
        x: array([1.00006218, 0.99993783])
SLSQP=========
      fun: -2.000000092931198
      jac: array([-1., -1.])
  message: 'Optimization terminated successfully'
     nfev: 15
      nit: 5
     njev: 5
   status: 0
  success: True
        x: array([1.00000005, 1.00000005])
```

問題 99　（体積）

　断面の面積の和が 100 cm^2 の直方体で，体積最大のものは何か？また体積最小のものは何か？

問題 100　（制約付き Weber 問題）

　以下のような位置と人数をもった 7 件の家がある.

　みんなで出資して新しく井戸を掘ることになったが，話し合いの末「各家が水を運ぶ距離×各家の水の消費量」の総和が最小になる場所に井戸を掘ることにした. ただし，各家の水の消費量は人数に比例するものとする.

  1) どこを掘っても水が出るものとしたとき，どのようにして掘る場所を決めれば良いだろうか？

家	x 座標	y 座標	人数
1	24	54	2
2	60	63	1
3	1	84	2
4	23	100	3
5	84	48	4
6	15	64	5
7	52	74	4

2) $(50, 50)$ から半径 40 の円状の領域が砂漠になっていて，そこには井戸が掘れな
いときにはどうしたら良いだろうか？

家の集合を H，家 i $(\in H)$ の位置を (x_i, y_i) とする．井戸の位置を (X, Y) とすれば，
家 i から井戸までの距離は

$$\sqrt{(x_i - X)^2 + (y_i - Y)^2}$$

である．家 i が 1 日に必要とする水の量（人数）を w_i としたとき，

$$\sum_{i \in H} w_i \sqrt{(x_i - X)^2 + (y_i - Y)^2}$$

を最小にする (X, Y) を求めよ．

定式化:

$$minimize \quad \sum_{i \in H} w_i \sqrt{(x_i - X)^2 + (y_i - Y)^2}$$

$$s.t. \quad (50 - X)^2 + (50 - Y)^2 \geq 40^2$$

```
x = [24, 60, 1, 23, 84, 15, 62]
y = [54, 63, 84, 100, 48, 64, 74]
w = [2, 1, 2, 3, 4, 5, 4]
```

```
import pandas as pd
import plotly.express as px

df = pd.DataFrame({"x": x, "y": y, "w": w})
fig = px.scatter(df, x="x", y="y", size="w", text=df.index)
fig.update_layout(autosize=False, width=600, height=500)
fig.show()
```

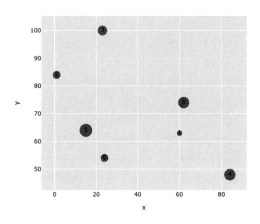

問題 101 （ポートフォリオ最適化）

100 万円のお金を 5 つの株に分散投資したいと考えている．株の価格は，現在はすべて 1 株あたり 1 円だが，証券アナリストの報告によると，それらの株の 1 年後の価格と標準偏差はそれぞれ以下の表のように確率的に変動すると予測されている．

株式	1	2	3	4	5
期待値（r_i）	1.01	1.05	1.08	1.10	1.20
標準偏差（σ）	0.07	0.09	0.1	0.2	0.3

目的は 1 年後の資産価値を最大化することである．しかしながら，よく知られているように，1 つの株式に集中投資するのは危険であり，大損をすることがある．期待利回りを α% 以上としたとき，標準偏差の自乗和を最小にするように投資するにはどうすれば良いだろうか？

ポートフォリオ最適化（定式化）:

$$minimize \quad \sum_{i=1}^{n} \sigma_i^2 x_i^2$$
$$s.t. \quad \sum_{i=1}^{n} r_i x_i \geq \alpha$$
$$\sum_{i=1}^{n} x_i = 1$$
$$x_i \geq 0 \qquad \forall i = 1, 2, \ldots, n$$

問題 102 （交通量割当問題）

4 本の道への交通量配分を考える．5000 台の車が移動する総時間を最小化するには，

どうすれば良いだろうか？

ここで，道を通過する台数と移動時間は，以下の関係があるものとする．

$$移動時間 = 基本移動時間 \times \left(1 + \left(\frac{台数}{交通容量}\right)^4\right)$$

道	基本移動時間	交通容量
1	15	1000
2	20	2000
3	30	3000
4	35	4000

問題 103 （学区割当問題）（難）

2 つの学校（定員 100 人）を作る．このとき，学生たちの歩く距離の合計を最小したい．新しい学校の位置と学生の学校への最適な割り当てを求めよ．

学区	x 座標 x_i	y 座標 y_i	人数 n_i
1	0	0	40
2	0	100	40
3	100	0	40
4	100	100	40
5	50	50	40

学区割当問題（定式化）

$$\begin{aligned}
minimize \quad & \sum_{i \in I} \sum_{j=0}^{1} z_{ij} \sqrt{(x_i - X_j)^2 + (y_i - Y_j)^2} \\
s.t. \quad & \sum_{i \in I} z_{ij} \leq 100 && \forall j = 0, 1 \\
& \sum_{j=0}^{1} z_{ij} = n_i && \forall i \in I \\
& z_{ij} \geq 0 && \forall i \in I; j = 0, 1
\end{aligned}$$

この問題は，非凸関数の非線形最適化問題であり，適切な初期解を与えないと妥当な解が得られない可能性がある．

問題 104 （複数品目の経済発注量問題）

古典的な経済発注量モデルの複数品目への拡張（容量制約付き）を考える．

- I : 品目の集合
- w_i : 品目 i ($\in I$) の大きさ
- W : 倉庫に置ける量の上限

- F_i：品目 i の発注費用
- h_i：品目 i の在庫保管費用
- d_i：品目 i 需要量

容量制約を破らない条件の下で，総費用が最小になる発注方策を求める．
複数品目の経済発注量問題は，以下の変数を用いて定式化できる．

T_i: 品目 i の発注間隔（発注頻度の逆数）

$$minimize \quad \sum_{i \in I} \frac{F_i}{T_i} + \frac{h_i d_i T_i}{2}$$

$$s.t. \quad \sum_{i \in I} w_i d_i T_i \leq W$$

$$T_i > 0 \qquad \forall i \in I$$

数値は自分で適当に定めて解け．

■ 9.1.5　曲線へのあてはめ（最小自乗法）

関数 curve_fit(f,x,y) は，配列 x, y で与えたデータに対して誤差の最小 2 乗和を最小にするような関数 f のパラメータを求める．

返値は，以下のタプルである．

- 最小自乗和を最小にするような推定パラメータを表す配列
- 共分散行列を表す 2 次元配列

例として，ランダムな誤差を加えた 2 次関数 $ax^2 + bx + c$ へのあてはめを考える．

```python
from scipy.optimize import curve_fit

def f(x, a, b, c):
    return a * x**2 + b * x + c

xdata = np.linspace(-10, 10, 20)
ydata = f(xdata, 1, 1, 1) + np.random.normal(size=len(xdata))
param, cov = curve_fit(f, xdata, ydata)
print(param)
```

```
[0.99747056 1.01099454 0.85088764]
```

```python
plt.plot(xdata, ydata, "ro")
plt.plot(xdata, f(xdata, param[0], param[1], param[2]));
```

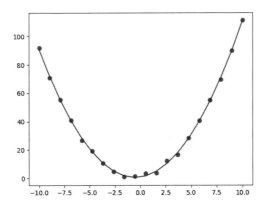

問題 105 （コーヒーショップの売上）

あなたはコーヒーショップを開店した．オープン当初の 5 日間の売上は，15, 20, 34, 42, 58 と右肩上がりである．1 日あたりどのくらい増えているかを 線形関数 $y = ax + b$ へ当てはめることによって予測せよ．

■ 9.1.6　1 変数関数の根

$x^2 - 4\sin x = 0$ の解（$x^2 - 4\sin x$ の根）を求めることを考える．この関数は，$x = 0$ だけでなく $x = 1.9$ 付近でも根をもつ．

scipy.optimize の root もしくは brentq 関数を用いる．

$f(x) = 0$ の解を出すためには，root は引数として関数 f と初期値 $x0$ を与え，brentq は関数 f と範囲 a と b を与える．

```
def f(x):
    return x**2 - 4 * np.sin(x)

x = np.linspace(-1, 3, 100)
plt.plot(x, np.linspace(0, 0, 100))  # x=0
y = f(x)
plt.plot(x, y);
```

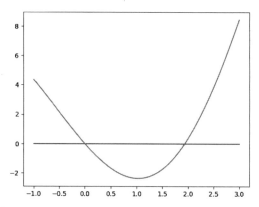

```
from scipy.optimize import root, brentq

print("Root finding ======\n ", root(f, x0=2.5))
print("Brentq=", brentq(f, a=1.0, b=3.0))
```

```
Root finding ======
     fjac: array([[-1.]])
      fun: array([1.84741111e-13])
  message: 'The solution converged.'
     nfev: 8
      qtf: array([-3.12600879e-08])
        r: array([-5.2877011])
   status: 1
  success: True
        x: array([1.93375376])
Brentq= 1.9337537628270214
```

問題 106（4 次方程式の根）

$x^4 + x^3 - 7x^2 - x + 6 = 0$ の根をすべて求めよ.

ちなみに根と図は以下のサイトで x^4 + x^3 -7x^2-x+6 =0 と入力することによって確認できる.

https://www.wolframalpha.com/

9.2 計算幾何学

ここでは，計算幾何とデータ構造に関するサブパッケージ spatial をとりあげる.

計算幾何学（computational geometry）とは，幾何的問題を効率よく解くための基本アルゴリズムの体系化をめざす学問分野である．1970 年代の中頃に生まれたこの分野は，その有用性のためその後急速に発展している.

以下の実務上有用なサブパッケージを紹介する.

- *K* 次元木 KDTree
- 凸包 ConvexHull
- Delaunay 3 角形分割 Delaunay
- Voronoi 図 Voronoi
- 距離計算のためのサブパッケージ distance

■ 9.2.1　*K*-d 木

KDTree は *K* 次元の点データに対する *K*-d 木とよばれるデータ構造のクラスである. ここで *K*-d 木 (*K*-dimensional tree) とは, *K* 次元の Euclid 空間にある点を保管するための空間分割データ構造である. *K*-d 木を用いることによって, 範囲探索や最近点探索などを高速に行うことができる.

K-d 木は空間の情報を 2 分木として保管している. ここで 2 分木とは, **根** (root) とよばれる点 (これは与えた点全体を表す) を 2 つの**子点** (child node) に分割する操作を繰り返すことによって生成されるデータ構造である.

2 次元を例にすると, *K*-d 木は以下のように構築される. 点集合を含む領域 (長方形) を *x*, *y* 軸のいずれか長い方の中央値で分割することによって 2 つの長方形を生成し, これらを子点とする. 子点には長方形に含まれる点を保持する. 各子点に対して同様の操作を繰り返し, 長方形に含まれる点の数が一定数以下になったら, 終了する. 子点をもたない点を葉 (leaf) とよぶ.

コンストラクタの引数は, 以下の通り.

- points: NumPy の形状 (npoints, ndim) をもつ浮動小数点数の配列. ここで npoints は点数, ndim は次元数を表す.
- leafsize: 葉 (子をもたない点) に含まれる点数を表す自然数

メソッド **query(x)** は, 点 (もしくは配列) *x* に含まれる各点からの最近点探索を行う. ここで *x* (の各要素) は, *K*-d 木と同じ次元をもつ点の座標を表す配列とする. 返値は点 *x* から近い順に並べ替えられた距離 (の配列) と近い点の位置 (を表す配列) である. オプションで与えることができる引数は以下の通り.

- *k*: 近い点の数を表すパラメータであり, 自然数を与える. 既定値は 1 である.
- *p*: 距離を計算する際のノルムを表すパラメータである.

n 次元の点 *x*, *y* 間の Minkowski *p*-ノルムは以下のように計算される.

$$\left(\sum_{i=1}^{n} |x_i - y_i|^p \right)^{1/p}$$

p は 1 以上の浮動小数点数を与え, 1 のときは L_1 (マンハッタン) ノルム, 2 のとき

は Euclid ノルム,無限大のときは L_∞ ノルムになる.既定値は 2 である.

例として,$[0, 1]^2$ にランダムに発生させた 1000 個の 2 次元の点に対して,$(0.1, 0.1)$ と $(0.5, 0.5)$ から近い順に 10 個の点を表示する.

```
%matplotlib inline
from scipy.spatial import KDTree
import numpy as np
import matplotlib.pyplot as plt

points = np.random.rand(1000, 2)
tree = KDTree(points)
dis, near = tree.query(x=[[0.1, 0.1], [0.5, 0.5]], k=10)
print(dis)  # 各点から近い点への距離 (近い順)
plt.plot(points[:, 0], points[:, 1], "b+")
plt.plot(points[near, 0], points[near, 1], "ro");
```

```
[[0.00300927 0.00890621 0.01084919 0.0122167  0.02220156 0.02856137
  0.03270805 0.0330415  0.03786016 0.0413629 ]
 [0.02218606 0.03033958 0.03055716 0.03091861 0.03451831 0.03561243
  0.03631823 0.04584094 0.04612901 0.04826072]]
```

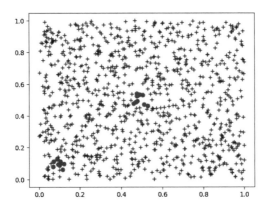

メソッド **query_ball_point(x, r)** は点(もしくは配列)x から距離 r 以内のすべての点のリスト(もしくはリストの配列)を返す.

その他の引数は query と同じである.

$[0, 1]^2$ にランダムに発生させた 1000 個の 2 次元の点に対して,中心 $(0.5, 0.5)$ から L_1 ノルムでの距離 0.3 以内の点を表示を行う.

```
points = np.random.rand(1000, 2)
tree = KDTree(points)
ball = tree.query_ball_point(x=[0.5, 0.5], r=0.3, p=1)
plt.plot(points[:, 0], points[:, 1], "b+")
plt.plot(points[ball, 0], points[ball, 1], "ro");
```

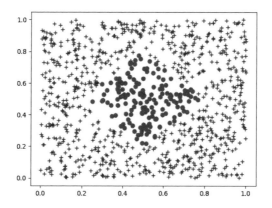

■ 9.2.2 凸包クラス ConvexHull

凸包（convex heull）とは，計算幾何学の基本となる概念であり，与えられた Euclid 空間内の点を含む最小の凸多面体を指す.

凸包クラス ConvexHull のコンストラクタの引数は，以下の points 配列である.

- points: NumPy の形状（npoints, ndim）をもつ浮動小数点数の配列．ここで npoints は点数，ndim は次元数である.

凸包クラス ConvexHull は以下の属性をもつ.

- points: 入力された点の座標を表す配列である.
- vertices: 凸包を構成する点を表す配列である．2 次元の場合には，反時計回りの順に保管されるが，3 次元以上の場合には任意の順になる.
- simplices: 凸包を構成する面（単体）を保持する配列である．面の数の配列であり，配列の各要素は点の次元の長さの配列である.
- neighbors: 凸包を構成する面（単体）の隣接関係を表す配列である．配列の各要素は隣接する面の番号の配列である.

また，2 次元の凸包を描画するための関数 convex_hull_plot_2d も準備されている. これは凸包インスタンスを引数とし matplotlib の図を返す.

```
from scipy.spatial import ConvexHull, convex_hull_plot_2d

points = np.random.rand(300, 2)
hull = ConvexHull(points)
convex_hull_plot_2d(hull)
print(hull.vertices)
```

[254 152 23 56 89 40 14 167 189 236 28 113 204 228 57 230]

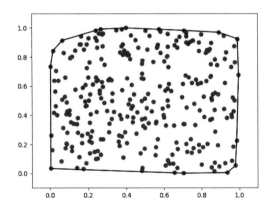

■ 9.2.3　Delaunay 3 角形分割クラス Delaunay

Delaunay 3 角形分割（Delaunay triangulation）とは，（2 次元のときは）領域を点を通る 3 角形に分割したとき，どの 3 角形の頂点を通る円も，他の点を含まない 3 角形分割を指し，K-d 木と同様に，近い点同士を見つけるのに便利であり，次に説明する Voronoi 図と双対の関係にある.

Delaunay 3 角形分割クラス Delaunay のコンストラクタの引数は，凸包と同じで点の配列である.

- points: NumPy の形状（npoints, ndim）をもつ浮動小数点数の配列．ここで npoints は点数，ndim は次元数である.

Delaunay 3 角形分割クラス Delaunay は以下の属性をもつ.

- points: 入力された点の座標を表す配列である.

- simplices: Delaunay 3 角形分割に含まれる単体（2 次元のときは 3 角形）を保持する配列である．単体の数の配列であり，各要素は次元 +1 の長さの配列に単体の頂点番号が保管される.

- neighbors: Delaunay 3 角形分割に含まれる単体の隣接関係を表す配列である．配列の各要素は，単体内の各点の反対側に隣接する単体の番号の配列である．対応する単体がない場合には −1 が保管される.

また，2 次元の Delaunay 3 角形分割を描画するための関数 delaunay_plot_2d も準備されている．これは Delaunay 3 角形分割インスタンスを引数とし matplotlib の図を返す.

```
from scipy.spatial import Delaunay, delaunay_plot_2d

np.random.seed(5)
points = np.random.rand(8, 2)
tri = Delaunay(points, furthest_site=False)
```

```
fig = delaunay_plot_2d(tri)
```

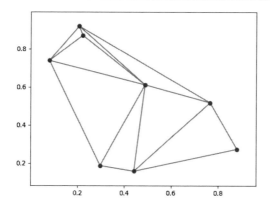

■ 9.2.4 Voronoi 図クラス Voronoi

Voronoi 図（Voronoi diagram）とは，各点に近い空間で領域分けされた図であり，Delaunay 3 角形分割の双対グラフである．

与えられた点を母点，各母点に近い空間から成る領域を Voronoi 領域．Voronoi 領域の境界を Voronoi 境界，Voronoi 境界の交点を Voronoi 点とよぶ．

コンストラクタの引数は，以下の母点の情報である．

- points: NumPy の形状（npoints, ndim）をもつ浮動小数点数の配列．ここで npoints は点数，ndim は次元数である，
  Voronoi 図クラス Voronoi は以下の属性をもつ．
- points: 入力された点の座標を表す配列である．
- vertices: Voronoi 点の座標を表す配列である．
- ridge_points: Voronoi 境界を垂直に横切る母点対を表す．実は，これは Delaunay 3 角形分割の枝（辺）に対応し，これが Voronoi 図と Delaunay 3 角形分割が互いに双対といわれる所以である．
- ridge_vertices: Voronoi 境界を表す点対である．Voronoi 点の番号，もしくは点が Voronoi 図の外側にある場合には −1 を保管する．
- regions: Voronoi 領域を表す点の配列である．点が Voronoi 図の外側にあるときには −1 を保管する．
- point_region: 各母点が含まれる Voronoi 領域の番号を表す．

また，2 次元の Voronoi 図を描画するための関数 voronoi_plot_2d も準備されている．これは Voronoi 図インスタンスを引数とし matplotlib の図を返す．

例として格子上に配置した点に対する Voronoi 図を求め，それを描画する．
同時に，対応する Delaunay 3 角形分割も示す．

```python
from scipy.spatial import Voronoi, voronoi_plot_2d

points = np.array(
    [[0, 0], [0, 1], [0, 2], [1, 0], [1, 1], [1, 2], [2, 0], [2, 1], [2, 2]]
)
vor = Voronoi(points)
fig = voronoi_plot_2d(vor)
print("vertices=", vor.vertices)
print("reige_points", vor.ridge_points)
```

```
vertices= [[0.5 0.5]
 [0.5 1.5]
 [1.5 0.5]
 [1.5 1.5]]
reige_points [[0 3]
 [0 1]
 [2 5]
 [2 1]
 [1 4]
 [7 8]
 [7 6]
 [7 4]
 [8 5]
 [6 3]
 [4 5]
 [4 3]]
```

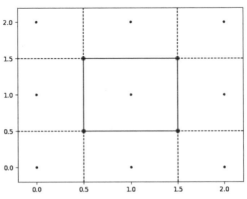

```python
tri = Delaunay(points)
fig = delaunay_plot_2d(tri)
```

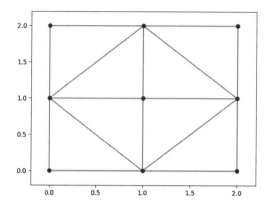

Delaunay 3 角形分割の例題の Voronoi 図を計算し，対応する Delaunay 3 角形分割と重ねて描画する．

```
np.random.seed(5)
points = np.random.rand(8, 2)
fig, ax = plt.subplots()
vor = Voronoi(points)
voronoi_plot_2d(vor, ax, show_vertices=False)
tri = Delaunay(points)
delaunay_plot_2d(tri, ax);
```

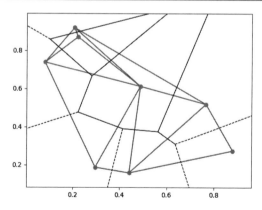

■9.2.5 距離計算のためのサブパッケージ distance

距離計算のためのサブパッケージ distance には，以下の関数が含まれている．

- euclidean(u,v): u と v の間の Euclid 距離（直線距離）

$$\|u - v\|_2 = \left(\sum_i (u_i - v_i)^2 \right)^{1/2}$$

- chebyshev(u,v): u と v の間の Chebyshev 距離

(L_∞ ノルム) $\max_i |u_i - v_i|$

- cityblock: u と v の間の Manhattan 距離（L_1 ノルム）

$$\sum_i |u_i - v_i|$$

- minkowski(u,v,p): u と v の間の Minkowski 距離（(Minkowski p-ノルム)）

$$\|u - v\|_p = \left(\sum_i |u_i - v_i|^p\right)^{1/p}$$

a. 例題：最近点

2 次元 Euclid 平面上にランダムに分布した 10000 個の点に対する最も近い点を求める．最も近い点は，点を母点とした Voronoi 図の隣接する領域の母点であることを利用する．さらに，計算速度を K-d 木と比較する．

```python
from scipy.spatial.distance import euclidean


def NN_KD(points):
    tree = KDTree(points)
    near = {}
    total_cost = 0.0
    for i, p in enumerate(points):
        dis, near_list = tree.query(p, k=2)
        near[i] = near_list[1]


def NN_Voronoi(points):
    vor = Voronoi(points)
    dis, near = {}, {}
    for i in range(len(points)):
        dis[i] = np.inf
    for (i, j) in vor.ridge_points:
        d = euclidean(points[i], points[j])
        if d < dis[i]:
            dis[i] = d
            near[i] = j
        if d < dis[j]:
            dis[j] = d
            near[j] = i


n = 10000
points = np.random.rand(n, 2)
%time NN_KD(points)
%time NN_Voronoi(points)
```

```
CPU times: user 981 ms, sys: 9.92 ms, total: 990 ms
Wall time: 1.03 s
CPU times: user 556 ms, sys: 4.54 ms, total: 560 ms
Wall time: 560 ms
```

b. 例題：Euclid 最小木問題

点間の距離は Euclid 距離の最小木問題を考える．ここで最小木とは，閉路を含まない連結グラフで，距離の合計が最小のものである．Euclid 最小木問題の最適解に含まれる枝は，必ず Voronoi 図の隣接する領域間の母点対の枝集合に含まれるという性質を利用すると，高速に解ける．Voronoi 図の隣接する領域間の母点対は ridge_points を用いて列挙する．また，最小木を求めるアルゴリズムは，後述する NetworkX パッケージを用いる．

すべての枝をグラフに追加して最小木を求めたときと，Voronoi 図を用いて必要な枝だけを追加して高速化した場合を比較する．

```
import networkx as nx


def MST(points):
    G = nx.Graph()
    for i, p in enumerate(points):
        for j, q in enumerate(points):
            if i < j:
                G.add_edge(i, j, weight=euclidean(p, q))
    E = nx.minimum_spanning_edges(G)


def MST_Voronoi(points):
    G = nx.Graph()
    vor = Voronoi(points)
    for (i, j) in vor.ridge_points:
        G.add_edge(i, j, weight=euclidean(points[i], points[j]))
    E = nx.minimum_spanning_edges(G)
    return G, E


n = 200
points = np.random.rand(n, 2)

%time MST(points)
%time MST_Voronoi(points)

G, E = MST_Voronoi(points)
pos = {i: (points[i][0], points[i][1]) for i in range(n)}
nx.draw(G, pos=pos, node_size=10, edgelist=list(E))
```

```
CPU times: user 164 ms, sys: 649 µs, total: 164 ms
Wall time: 164 ms
CPU times: user 7.19 ms, sys: 37 µs, total: 7.23 ms
Wall time: 7.02 ms
```

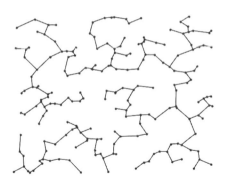

問題 107 色々な距離

2 次元座標空間上の点 [0,0] と点 [1,1] の間の距離を求めよ.

1) Euclid 距離（直線距離）

2) Chebyshev 距離 (L_∞ ノルム)

3) Manhattan 距離（L_1 ノルム）

4) $p = 3$ の Minkowski 距離（Minkowski p-ノルム）

問題 108 K-d 木

日本の都道府県の県庁所在地の経度・緯度のリストが以下のように与えられている. これを 2 次元平面上の座標と考えて K-d 木を構築し, 仙台市 (140.87194,38.26889) に直線距離で近い点の番号を順に 3 つ求めよ.

```
lon = [141.34694, 140.74, 141.1525, 140.87194, 140.1025, 140.36333, 140.46778, ↵
    140.44666999999998, 139.88361, 139.06083, 139.64889,
       140.12333, 139.69167, 139.6425, 139.02361000000002, 137.21139, 136.62556, ↵
    136.22194, 138.56833, 138.18111000000002, 136.72222,
       138.38306, 136.90667, 136.50861, 135.86833, 135.75556, 135.52, 135.18306, ↵
    135.83278, 135.1675, 134.23833, 133.05056000000002,
       133.935, 132.45944, 131.47139, 134.55944, 134.04333, 132.76611, 133.53111, ↵
    130.41806, 130.29889, 129.87361, 130.74167, 131.6125, 131.42389, 130.55806, ↵
    127.68111]
lat = [43.06417, 40.82444, 39.70361, 38.26889, 39.71861, 38.24056, 37.75, 36.34139,↵
    36.56583, 36.39111, 35.85694, 35.60472, 35.68944000000001,
       35.44778, 37.90222, 36.69528, 36.59444000000001, 36.06528, 35.66389, ↵
    36.65139, 35.39111, 34.97694, 35.18028, 34.73028, 35.00444,
       35.021390000000004, 34.68639, 34.691390000000001, 34.68528, 34.22611, ↵
    35.50360999999999, 35.47222, 34.66167, 34.396390000000004,
       34.18583, 34.06583, 34.34028, 33.84167, 33.55972, 33.606390000000005, ↵
    33.24944, 32.74472, 32.78972, 33.23806, 31.91111, 31.56028, 26.2125]
```

問題 109 凸包

上の日本の都道府県の県庁所在地の経度・緯度のリストに対して，凸包を構築せよ．凸包上にある（すなわち日本の都道府県を包むような）点の番号を求めよ．

問題 110 Voronoi 図

上の日本の都道府県の県庁所在地の経度・緯度のリストに対して，Voronoi 図を描画せよ．この図の領域は何を意味するか考察せよ．

問題 111 Euclid 最小費用完全マッチング（難）

2 次元平面 $[0,1]^2$ 上にランダムに分布した偶数個の点に対する最小費用の完全マッチング（すべての点の次数が 1 の部分グラフ）を求める問題を考える．ただし枝の費用は点間の Euclid 距離とする．このような問題を Euclid 最小費用マッチング問題とよぶ．K-d 木を用いて，各点に対して近い順に 10 個の点の間にだけ枝をはった疎なグラフを作成し，それ上で最小費用マッチングを求める近似解法を考える．100 点の Euclid 最小費用マッチング問題をランダムに生成し，疎なグラフ上で求めた近似マッチングと，すべての点間の枝を用いて最適解を求めた場合の費用と計算時間を測定せよ（ヒント：最小費用マッチング問題の求解には，後述する NetworkX の関数 max_weight_matching を用いることができる．この関数は負の重みには対応していない．したがって，費用の合計を最小化するためには，大きな数（たとえば枝の費用の最大値）から枝の費用を減じた値を新たに枝の費用と定義して最大化を行う必要がある）．

問題 112 Euclid 最短路（難）

$(0,0)$ の地点から $(1,1)$ の地点にロボットが移動する経路を考える．ロボットは平面上のどの地点でも通過できるようにプログラムできるが，平面 $[0,1]^2$ 上にランダムに配置された障害物を表す点の内側の領域は通過することができない．ランダムに 100 個の障害物を配置し，その外側を通過する最短距離を求めよ（ヒント：$(0,0)$ と $(1,1)$ を加えた点に対する凸包を用いる）．

9.3 確率・統計

ここでは，確率・統計に関するサブパッケージ stats をとりあげ，以下について解説する．
- 確率分布の基礎
- 共通のメソッド
- 連続確率変数
- 離散確率変数
- データのあてはめ

- 仮説検定
- 分布テスト
- 信頼区間

■ 9.3.1　確率分布の基礎

例として平均 100, 標準偏差 10 の正規分布 $N(100, 10^2)$ の統計量を分布に付随するメソッド stat で表示してみる. 引数の moments="mvsk"は, 平均 (mean), 分散 (variance), 歪度 (skewness), 尖度 (kurtosis) を意味する.

正規分布インスタンスを生成する norm は, **位置**パラメータ loc で平均を, **尺度**パラメータ scale で標準偏差を与える.

密度関数 $f(x)$ をもつ連続な確率変数に対して, X の期待値（平均）を

$$E[X] = \int_{-\infty}^{\infty} x f(x) dx$$

と定義する.

確率変数 X と正数 k に対する k 次モーメント（moment）は, $m = E[X]$ としたとき, $E[(X - m)^k]$ で定義される.

分散（variance）$Var(X)$ は, 2 次モーメント $E[(X - m)^2]$ と定義される. 分散は分布のばらつきを表す尺度である. $\sqrt{Var(X)}$ を標準偏差（standard deviation）とよび σ と記す.

歪度（skewness）は $E[(X - m)^3]/\sigma^3$, 尖度（kurtosis）は $E[(X - m)^4]/\sigma^4$ で定義され, それぞれ分布の非対称性ならびに尖りを表す尺度である.

正規分布の歪度は 0 であり左右対称である. 歪度が正の分布は右側の裾野が長くなり, 逆に負の分布は左側の裾野が長くなる.

正規分布の尖度は 0（3 とする場合もあるが, SciPy では 0 と定義されている）であり, 尖度が正の分布は, 正規分布と比べて山の頂上付近で尖って, 裾野が長い形状であり, 尖度が負の分布は, 頂上付近が丸く裾野が短い形状をもつ.

```
from scipy.stats import norm

print(norm(loc=100, scale=10).stats(moments="mvsk"))
```

(array(100.), array(100.), array(0.), array(0.))

通常は, パラメータを固定した分布インスタンスを生成し, 生成した固定分布に対して, メソッドを用いて計算する. これを分布の **固定化**（freezing）とよぶ.

たとえば, パラメータ（平均 100, 標準偏差 100）を固定した正規分布インスタンス

n を生成した後で,分布関数メソッド cdf を用いて確率変数が 80 以下になる確率を求めるコードは,以下のようになる.

```
n = norm(loc=100, scale=100)
print(n.cdf(80))
```

```
0.42074029056089696
```

分布によっては,(正規分布生成で用いた位置パラメータ loc と尺度パラメータ scale の他に)**形状**(shape)パラメータが必要になる.

例として,ガンマ分布を生成する.この分布は,正のパラメータ λ, a て定義され,平均 a/λ,分散 a/λ^2 をもつ.

パラメータ a が形状パラメータである.形状パラメータは分布によって名前が異なるが,形状パラメータは必ず第 1 引数なので,名前を省略して入力する.また,尺度パラメータ scale は $1/\lambda$ に対応する.

$a = 1, \gamma = 1/10$ のガンマ分布を生成して,平均と分散を計算する.

```
from scipy.stats import gamma

g = gamma(1, scale=10)  # a=1 (shape). 1/gamma=10 (scale)
print(g.stats(moments="mv"))  # mean =a/gamma, variance =1/gamma^2
```

```
(array(10.), array(100.))
```

■ 9.3.2 共通メソッド

rvs: 確率変数にしたがう擬似乱数を生成するメソッド

引数 size は,生成する乱数の数(タプルを引数としたときは多次元配列)である.

```
from scipy.stats import norm

n = norm(loc=100, scale=10)
print("array=", n.rvs(size=5))
print("matrix=", n.rvs(size=(2, 3)))
```

```
array= [101.84651023 129.17878502 103.55253976 114.27602703  87.39188029]
matrix= [[ 95.0525987  110.6083437   76.65235316]
 [ 87.21302208  96.00269644  79.62090203]]
```

a. pdf: 連続確率変数の密度関数(probability density function)

任意の区間 $[a, b]$ に対して,確率変数 X が区間内に入る確率 $P(X \in [a, b])$ が,

$$P(X \in [a, b]) = \int_a^b f(x)dx$$

と表されるとき,$f(x)$ を密度関数とよぶ.密度関数で定義される連続な確率変数が 1 点をとる確率は 0 である.SciPy においては,pdf(a) は $P(X \in [a, a+1])$ を返す.

b.   pmf: 離散確率変数の確率関数（probability mass function）

確率関数 $p(x)$ は確率変数 X が x になる確率 $P(X = x)$ を表す.

c.   cdf: 分布関数（cumulative distribution function）

（離散，連続）確率変数 X の分布関数 $F(x)$ は

$$F(x) = P(X \leq x)$$

と定義される.

d.   ppf:パーセント点関数 (percent point function) （分布関数の逆関数）

例として平均 100，標準偏差 10 の正規分布にしたがう需要をもつ商品に対して品切れ率を 5% にするための在庫量を求める.

```
from scipy.stats import norm

print(norm.ppf(0.95, loc=100, scale=10))
```

116.44853626951472

e.   sf:生存関数 (survival function) （$1 - F(x)$）

（離散，連続）確率変数 X の生存関数は

$$P(X > x)$$

と定義される.

　分布関数が与えた値以下の確率を返すのに対して，生存関数は与えた値より大きい確率を返す（離散確率変数の場合には，「以上」でなく「より大きい」確率であることに注意する必要がある）.

　例として平均 100，標準偏差 10 の正規分布にしたがう需要をもつ商品に対して，123 個仕入れたときの品切れ確率を求める.

```
from scipy.stats import norm

print(norm.sf(123, loc=100, scale=10))
```

0.010724110021675809

f.   例題: 確率変数に対するメソッド

1) 平均 24，標準偏差 8 の正規分布にしたがう確率変数 X が，$k = 30$ 以下になる確率を求めよ.

2) 同じ分布に対して，90%の確率で k 以下になる k を求めよ.

3) 同じ分布に対して，$k = 30$ 以上になる確率を求めよ.

4) 同じ分布に対して，10%の確率で k 以上になる k を求めよ．

5) 同じ分布に対して，20 以上，28 以下になる確率を求めよ．

6) 同じ分布に対して，$[24 - L, 24 + L]$ の間に入る確率が 90%になるような L を求めよ．

```
n = norm(loc=24, scale=8)
print(n.cdf(30))
print(n.ppf(0.9))
print(n.sf(30))   # もしくは 1- n.cdf(30)
print(n.ppf(1 - 0.1))   # 2と同じ
print(n.cdf(28) - n.cdf(20))   # 28以下の確率から20以下の確率を引く
print(24 - n.ppf(0.05))   # 確率が0.05（10%の半分）になるkを求め，平均24から引く
```

```
0.7733726476231317
34.2524125243568
0.2266273523768682
34.2524125243568
0.38292492254802624
13.158829015611783
```

g. 例題： 関数 func の分布に対する期待値 expect(func)

標準正規分布の人口密度をもつ直線上の町に住む人たちが，町の中心にある町役場まで歩いて行くときの平均距離を求めてみよう．これは，標準正規分布に対して，引数を絶対値を表す関数として与えたときの期待値になる．

```
print(norm.expect(lambda x: abs(x)))
```

```
0.7978845608028651
```

h. 例題: 損出関数

在庫理論では，品切れ量を計算するために確率変数 x が k 以上になるときの期待値を用いる．これは損出関数（loss function）とよばれ，以下のように定義される．

$$G(k) = \int_k^\infty (x - k) f(x) dx$$

たとえば，$k = 0.1$ のときの標準正規分布の損出関数は，期待値の計算する際の下限 lb を 0.1 としたときの $x - k$ の期待値として以下のように計算される．

損出関数は，密度関数 $f(x)$ と生存関数 $1 - F(x)$ を用いて，解析的に $G(k) = f(k) - k(1 - F(k))$ と計算できる．

以下のコードから，結果が一致していることが確認できる．

```
k = 0.1
print(norm.expect(lambda x: x - k, lb=k))
print(norm.pdf(k) - k * norm.sf(k))
```

```
0.35093533120471415
0.3509353312047147
```

問題 113　在庫

平均 100，標準偏差 10 の正規分布にしたがう需要をもつ商品に対して，120 個仕入れたとき，品切れ費用が 1 個あたり 100 円，在庫費用が 1 個あたり 10 円としたときの期待費用を求めよ．

■ 9.3.3　代表的な連続確率変数

a.　uniform: 一様分布（uniform distribution）

$[\alpha, \beta]$ 上で定義された一様分布は密度関数 $1/(\beta - \alpha)$ をもつ（SciPy では離散な一様分布 randint も使うことができる）．

位置パラメータ loc は下限値 α を表し，尺度パラメータ scale は上限値と下限値の差 $\beta - \alpha$ を表す．平均は $(\beta - \alpha)/2$，分散は $(\beta - \alpha)^2/12$ である．

```
from scipy.stats import uniform

u = uniform(loc=0, scale=10)
print("平均と分散 ", u.stats(moments="mv"))

x = np.linspace(-3, 15, 100)
y = u.pdf(x)
plt.plot(x, y)
```

平均と分散　(array(5.), array(8.33333333))

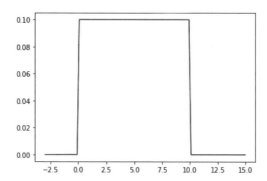

b.　expon: 指数分布（exponential distribution）

指数分布とは，正のパラメータ λ に対して，密度関数が

$$f(x) = \lambda e^{-\lambda x} \quad \forall x \geq 0$$

で与えられる分布である．引数として指定する尺度パラメータ scale は $1/\lambda$ である．分布関数は

$$F(x) = 1 - e^{-\lambda x} \quad \forall x \geq 0$$

となる．平均は $1/\lambda$，分散は $1/\lambda^2$ である．

　指数分布は無記憶性（memoryless property）をもつ唯一の連続分布（離散分布では，後述する幾何分布が無記憶性をもつ）として知られ，稀な現象の時間間隔として用いられる

```python
from scipy.stats import expon

ex = expon(scale=10)
print("平均と分散 ", ex.stats(moments="mv"))

x = np.linspace(-3, 100, 100)
y = ex.pdf(x)
plt.plot(x, y)
```

平均と分散　(array(10.), array(100.))

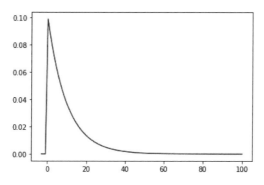

c.　cauchy: Cauchy 分布（Cauchy distribution）

　Cauchy 分布とは，分布の最頻値を表すパラメータ x_0 と広がりを表すパラメータ γ に対して，密度関数が

$$\frac{1}{\pi\gamma \left[1 + \left(\frac{x - x_0}{\gamma} \right)^2 \right]}$$

で与えられる分布である．

　分布関数は，

$$\frac{1}{\pi} \arctan \left(\frac{x - x_0}{\gamma} \right) + \frac{1}{2}$$

である. Cauchy 分布は平均をもたず, 2 次モーメントが無限大になる分布として知られている.

試しに SciPy で平均, 分散, 歪度, 尖度を計算してみる.

```
from scipy.stats import cauchy

cau = cauchy(0, 1)
print(cau.stats(moments="mvsk"))

x = np.linspace(-10, 10, 100)
y = cau.pdf(x)
plt.plot(x, y)
```

(array(nan), array(nan), array(nan), array(nan))

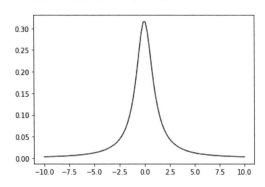

平均, 分散, 歪度, 尖度ともに, 数値ではないことを表す nan（not a number）が表示された.

d. norm: 正規分布（normal distribution）

正規分布 $N(\mu, \sigma^2)$ は最も良く使われる連続分布であり, その密度関数は平均を表す位置パラメータ μ と標準偏差を表す尺度パラメータ σ を用いて,

$$f(x) = \frac{1}{\sqrt{2\pi\sigma^2}} \exp\left(-\frac{(x-\mu)^2}{2\sigma^2}\right)$$

と記述される.

中心極限定理から（標準偏差をもつ）独立な分布の平均の分布は正規分布に近づくことがいえる. 特に, 平均 0, 標準偏差 1 の正規分布 $N(0, 1)$ は標準正規分布とよばれ, その密度関数と分布関数は, それぞれ

$$\phi(x) = \frac{1}{\sqrt{2\pi}} \exp\left(-\frac{x^2}{2}\right)$$

と

$$\Phi(x) = \int_{-\infty}^{x} \phi(t)dt = \frac{1}{2} + \frac{1}{2}\mathrm{erf}\left(\frac{x}{\sqrt{2}}\right)$$

で定義される. ここで erf(x) は誤差関数であり,

$$\mathrm{erf}(x) = \frac{2}{\sqrt{\pi}} \int_0^x e^{-t^2} dt$$

である.

e. lognorm: 対数正規分布 (log-normal distribution)

対数をとったときに正規分布になる分布である. 正規分布にしたがう確率変数が負の値も許すのに対して, 対数正規分布にしたがう確率変数は正の値しかとらないという性質をもつ. また, 独立同分布にしたがう確率変数の積は漸近的に対数正規分布にしたがうという, 大数の法則の積バージョンの性質をもつ.

密度関数は位置パラメータ μ と形状パラメータ σ (正規分布と異なり尺度パラメータでないことを注意) を用いて,

$$f(x) = \frac{1}{\sqrt{2\pi\sigma^2}} \exp\left(-\frac{(\ln x - \mu)^2}{2\sigma^2}\right) \quad \forall x > 0$$

と記述される. 分布関数は標準正規分布の分布関数を Φ としたとき, $\Phi\left(\frac{\ln x - \mu}{\sigma}\right)$ となる. 平均は $e^{\mu + \frac{\sigma^2}{2}}$, 分散は $e^{2\mu + \sigma^2}(e^{\sigma^2} - 1)$ である.

```python
from scipy.stats import lognorm

ln = lognorm(1, loc=5)
print(ln.stats(moments="mv"))

x = np.linspace(4, 10, 100)
y = ln.pdf(x)
plt.plot(x, y);
```

(array(6.64872127), array(4.67077427))

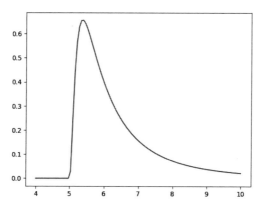

f.　halfnorm: 半正規分布（half-normal distribution）

X が正規分布 $N(0, \sigma^2)$ のとき，$Y = |X|$ がしたがう分布を半正規分布とよぶ．一般に平均が 0 でない場合には，折り畳み正規分布（folded-normal distribution）とよばれるが，SciPy では両方とも **halfnorm** で生成できる．

密度関数は位置パラメータ μ と尺度パラメータ σ を用いて，

$$f(x) = \frac{1}{\sqrt{2\pi\sigma^2}}\, e^{-\frac{(x-\mu)^2}{2\sigma^2}} + \frac{1}{\sqrt{2\pi\sigma^2}}\, e^{-\frac{(x+\mu)^2}{2\sigma^2}}$$

と記述される．分布関数は標準正規分布の誤差関数を $\mathrm{erf}(x)$ としたとき，

$$\frac{1}{2}\left[\mathrm{erf}\left(\frac{x+\mu}{\sqrt{2\sigma^2}}\right) + \mathrm{erf}\left(\frac{x-\mu}{\sqrt{2\sigma^2}}\right)\right]$$

となる．

平均は

$$\mu_Y = \sigma\sqrt{\frac{2}{\pi}}\ \exp\left(\frac{-\mu^2}{2\sigma^2}\right) + \mu\,\mathrm{erf}\left(\frac{\mu}{\sqrt{2\sigma^2}}\right)$$

であり，分散は $\mu^2 + \sigma^2 - \mu_Y^2$ である．

```
from scipy.stats import halfnorm

hn = halfnorm(loc=0, scale=np.sqrt(2) * 10)
print(hn.stats(moments="mv"))

x = np.linspace(-1, 100, 100)
y = hn.pdf(x)
plt.plot(x, y)
```

(array(6.64872127), array(4.67077427))

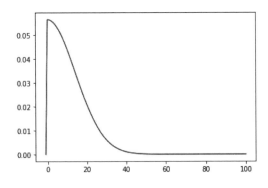

g. erlang: Erlang 分布 (Erlang distribution)

Erlang 分布は，独立で同一の n 個の指数分布の和の分布であり，パラメータ $\lambda > 0$ と自然数 n に対して，密度関数が

$$f(x) = \frac{\lambda^n x^{n-1} e^{-\lambda x}}{(n-1)!} \qquad \forall x \geq 0$$

で与えられる分布である．ここで n は形状パラメータ，$1/\lambda$ は尺度パラメータである．分布関数は

$$F(x) = 1 - \sum_{k=0}^{n-1} \frac{(\lambda x)^k}{k!} e^{-\lambda x} \quad \forall x \geq 0$$

となる．平均は n/λ，分散は n/λ^2 である．

Erlang 分布は待ち行列理論に応用をもつ．

```python
from scipy.stats import erlang

er = erlang(3, scale=10)
print(er.stats(moments="mv"))

x = np.linspace(-1, 100, 100)
y = er.pdf(x)
plt.plot(x, y)
```

(array(30.), array(300.))

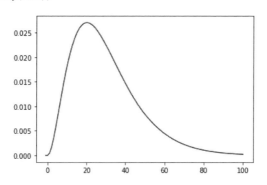

h. gamma: ガンマ分布 (gamma distribution)

ガンマ分布は，正のパラメータ λ, a に対して，密度関数が

$$f(x) = \frac{\lambda^a x^{a-1} e^{-\lambda x}}{\Gamma(a)} \qquad \forall x \geq 0$$

で与えられる分布である．ここで Γ はガンマ関数である．a が形状パラメータ，λ が尺度パラメータである．分布関数は

$$F(x) = \frac{\gamma(a, \lambda x)}{\Gamma(a)} \quad \forall x \geq 0$$

となる．ここで γ は不完全ガンマ関数である．平均は a/λ，分散は a/λ^2 である．

ガンマ分布は Erlang 分布のパラメータ n を実数値 a に一般化した分布である．

```python
from scipy.stats import gamma

ga = gamma(3.5, scale=10)
print(ga.stats(moments="mv"))

x = np.linspace(-1, 100, 100)
y = ga.pdf(x)
plt.plot(x, y)
```

```
(array(35.), array(350.))
```

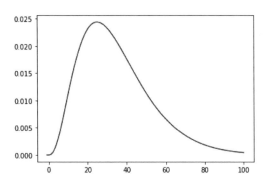

i. logistic: ロジスティック分布 (logistic distribution)

ロジスティック分布は，パラメータ μ, s に対して，密度関数が

$$f(x) = \frac{\exp(-\frac{x-\mu}{s})}{s(1 + \exp(-\frac{x-\mu}{s}))^2}$$

で与えられる分布である．分布関数は

$$F(x) = \frac{1}{1 + e^{-(x-\mu)/s}} = \frac{1}{2}\left\{\tanh\left(\frac{x-\mu}{2s}\right) + 1\right\}$$

となる．平均は μ，分散は $\pi^s \mu^2/3$ である．

ロジスティック分布は正規分布と同様に釣鐘型の密度関数と S 字（シグモイド）型の分布関数をもつが，ロジスティック分布の方が裾野が長いという特徴をもつ．ロジスティック分布の尖度は 1.2 であり，正規分布の 0 と比べて大きいので，より裾野が長いことが分かる．

```python
from scipy.stats import logistic, norm
```

```
lo = logistic(0, 1)
print(lo.stats(moments="mvsk"))

x = np.linspace(-10, 10, 100)
y = lo.pdf(x)
y2 = norm(0, 1).pdf(x)
plt.plot(x, y)
plt.plot(x, y2)
```

(array(0.), array(3.28986813), array(0.), array(1.2))

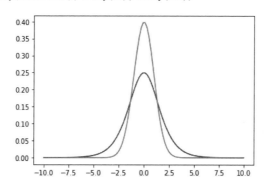

j.　weibull_min: Weibull 分布（Weibull distribution）

Weibull 分布は正のパラメータ c, λ に対して，密度関数が

$$f(x) = c\lambda \, (\lambda x)^{c-1} \exp(-(\lambda x)^c) \quad \forall x \geq 0$$

で与えられる分布である．ここで c は形状パラメータ，$1/\lambda$ は尺度パラメータである．分布関数は

$$F(x) = 1 - \exp(-(\lambda x)^c)$$

であり，平均は $\Gamma(1 + 1/c)/\lambda$，分散は $(\Gamma(1 + 2/c) - \Gamma(1 + 1/c))^2 / \lambda^2$ である．ここで Γ はガンマ関数である．

　Weibull 分布は故障現象や寿命を記述するために用いられる．パラメータ $c < 1$ のとき故障率が時間とともに小さくなり，$c > 1$ のとき時間とともに大きくなる．$c = 1$ のとき故障率は一定であり，この場合には指数分布と一致する．

```
from scipy.stats import weibull_min

wei = gamma(1, scale=10)
print(wei.stats(moments="mv"))
```

```
x = np.linspace(-1, 100, 100)
y = wei.pdf(x)
plt.plot(x, y)
```

```
(array(10.), array(100.))
```

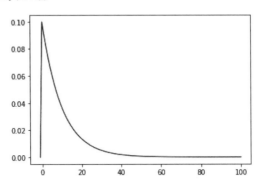

k.　beta: ベータ分布（beta distribution）

ベータ分布は正のパラメータ a, b に対して，密度関数が

$$f(x) = \frac{\Gamma(a + b)}{\Gamma(a)\Gamma(b)} x^{a-1}(1 - x)^{b-1} \quad \forall 0 \leq x \leq 1$$

で与えられる分布である．ここで Γ はガンマ関数であり，a, b はともに形状パラメータである．

分布関数は

$$F(x) = I_x(a, b)$$

である．ここで I_x は正則不完全ベータ関数である．平均は $a/(a + b)$，分散は $ab/\left((a + b)^2(a + b + 1)\right)$ である．

ベータ分布は特定の区間の値をとる確率分布を表すときに有効であり，パラメータ a, b を変えることによって様々な形状をとることができる．プロジェクト管理の手法として有名な PERT（Program Evaluation and Review Technique）においても確率的に変動する作業時間の近似としてこの分布を用いている．

```
from scipy.stats import beta

be = beta(2, 4)
print(be.stats(moments="mv"))

x = np.linspace(0, 2, 100)
y = be.pdf(x)
plt.plot(x, y)
```

```
(array(0.33333333), array(0.03174603))
```

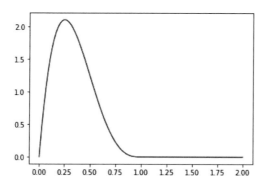

l. t: *t* 分布 (*t* distribution)

t 分布は正のパラメータ ν に対して,密度関数が

$$f(t) = \frac{\Gamma((\nu+1)/2)}{\sqrt{\nu\pi}\,\Gamma(\nu/2)}(1+\frac{t^2}{\nu})^{-(\nu+1)/2}$$

で与えられる分布である.ここで Γ はガンマ関数であり,ν は自由度 (degree of freedom) とよばれる形状パラメータである.ちなみに ν の引数名は degree of freedom の略で df である.

分布関数は

$$F(t) = I_x(\frac{\nu}{2}, \frac{\nu}{2})$$

である.ここで I_x は正則不完全ベータ関数であり,

$$x = \frac{t + \sqrt{t^2 + \nu}}{2\sqrt{t^2 + \nu}}$$

とする.平均は 0,分散は $\nu > 2$ のとき $\nu/(\nu-2)$,$1 < \nu \le 2$ のとき無限大である.

いま $x_1, x_2, \ldots, x_n$ を平均 μ の独立な正規分布のサンプルとする.標本平均と不偏分散を

$$\bar{x} = \frac{x_1 + x_2 + \cdots + x_n}{n}$$

$$s = \sqrt{\frac{1}{n-1}\sum_{i=1}^{n}(x_i - \bar{x})^2}$$

とする.このとき,

$$t = \frac{\bar{x} - \mu}{s/\sqrt{n}}$$

は，自由度 $\nu = n - 1$ の t 分布にしたがう．この性質を利用して，t 分布は，標本値から母集団の平均値を統計的に推定する区間推定や，母集団の平均値の仮説検定に利用される．

平均との仮説検定は ttest_1samp，独立な 2 つのサンプル間の仮説検定は ttest_ind，対応がある 2 つのサンプル間の仮説検定は ttest_rel で行うことができる．

ちなみに t 分布は，$\nu = 1$ のとき Cauchy 分布になり，ν が無限大に近づくと正規分布に漸近する．

```
from scipy.stats import t

tdist = t(1)
print(lo.stats(moments="mvsk"))

x = np.linspace(-10, 10, 100)
y = tdist.pdf(x)
y2 = norm(0, 1).pdf(x)
plt.plot(x, y)
plt.plot(x, y2)
```

(array(0.), array(3.28986813), array(0.), array(1.2))

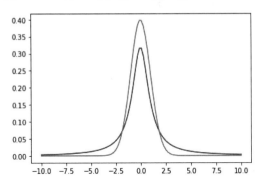

m.　chi2: χ^2 分布（χ^2distribution）

χ^2 分布は正のパラメータ k に対して，密度関数が

$$f(x) = \frac{1}{2^{\frac{k}{2}} \Gamma\left(\frac{k}{2}\right)} x^{\frac{k}{2}-1} e^{-\frac{x}{2}} \quad \forall x \geq 0$$

となる分布である．ここで Γ はガンマ関数であり，k は自由度を表す形状パラメータである．k の引数名は df である．

分布関数は

$$F(x) = \frac{1}{\Gamma\left(\frac{k}{2}\right)} \gamma\left(\frac{k}{2}, \frac{x}{2}\right) \quad \forall x \geq 0$$

である．ここで γ は不完全ガンマ関数である．平均は k，分散は $2k$ である．

　$x_1, x_2, \ldots, x_k$ を独立な標準正規分布のサンプルとするとき，

$$\sum_{i=1}^{k}(x_i)^2$$

は自由度 k の χ^2 分布にしたがう．この性質を利用して χ^2 分布は χ^2 検定 chisquare や Friedman 検定 friedmanchisquare に用いられる．

```python
from scipy.stats import chi2

ch = chi2(3)
print(ch.stats(moments="mv"))

x = np.linspace(0, 10, 100)
y = ch.pdf(x)
plt.plot(x, y)
```

(array(3.), array(6.))

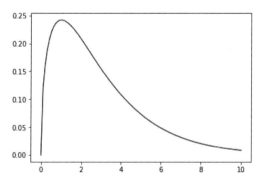

n. f: F 分布（F distribution）

F 分布は正のパラメータ d_1, d_2 に対して，密度関数が

$$f(x) = \frac{\sqrt{\frac{(d_1 x)^{d_1} d_2^{d_2}}{(d_1 x + d_2)^{d_1+d_2}}}}{x \, \mathrm{B}\left(\frac{d_1}{2}, \frac{d_2}{2}\right)} \quad \forall x \geq 0$$

で与えられる分布である．ここで B はベータ関数であり，d_1, d_2 は自由度を表す形状 パラメータである．d_1, d_2 の引数名は，それぞれ dfn,dfd である．

　分布関数は

$$F(x) = I_{\frac{d_1 x}{d_1 x + d_2}}\left(\frac{d_1}{2}, \frac{d_2}{2}\right) \quad \forall x \geq 0$$

である．平均は $d_2 > 2$ のとき $d_2/(d_2 - 2)$，分散は $d_2 > 4$ のとき

$$\frac{2\,d_2^2\,(d_1 + d_2 - 2)}{d_1(d_2 - 2)^2(d_2 - 4)}$$

である.

U_1, U_2 を独立な χ^2 分布にしたがう自由度 d_1, d_2 の確率変数としたとき,

$$\frac{U_1/d_1}{U_2/d_2}$$

は F 分布にしたがうことが知られている. この性質を利用して F 分布は F 検定 f_oneway
に用いられる.

```python
from scipy.stats import f

fdist = f(3, 3)
print(fdist.stats(moments="mv"))

x = np.linspace(0, 10, 100)
y = fdist.pdf(x)
plt.plot(x, y)
```

(array(3.), array(inf))

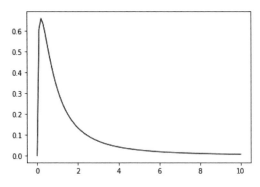

o.　triang: 3 角分布（triangular distribution）

3 角分布は, 区間 $[\alpha, \beta]$ で γ で最大になる密度関数をもった連続分布である. 密度
関数は,

$$f(x) = \begin{cases} \frac{2(x-\alpha)}{(\beta-\alpha)(c-\alpha)} & \forall \alpha \le x < \gamma \\ \frac{2}{\beta-\alpha} & \forall x = \gamma \\ \frac{2(\beta-x)}{(\beta-\alpha)(\beta-\gamma)} & \forall c < x \le \beta \end{cases}$$

であり, 分布関数は

$$F(x) = \begin{cases} \dfrac{(x-\alpha)^2}{(\beta-\alpha)(\gamma-\alpha)} & \forall \alpha \le x \le \gamma \\[2ex] 1 - \dfrac{(\beta-x)^2}{(\beta-\alpha)(\beta-\gamma)} & \forall \gamma < x \le \beta \end{cases}$$

となる.

位置パラメータ loc は下限値 α を表し，尺度パラメータ scale は上限値と下限値の差 $\beta - \alpha$ を表し，形状パラメータ c は最頻値 γ が loc+c*scale になるように定められる（つまり，形状パラメータ c は $(\gamma - \alpha)/(\beta - \alpha)$ に設定する）.

平均は

$$\frac{\alpha + b\beta\gamma}{3}$$

であり，分散は

$$\frac{\alpha^2 + \beta^2 + \gamma^2 - \alpha\beta - \alpha\gamma - \beta\gamma}{12}$$

となる.

主に，最小値 α と最大値 β と最頻値 γ しか分かっていない場合に，簡易的に用いられる.

```python
from scipy.stats import triang

tri = triang(0.2, loc=0, scale=10)
print(tri.stats(moments="mv"))

x = np.linspace(0, 10, 100)
y = tri.pdf(x)
plt.plot(x, y)
```

(array(4.), array(4.66666667))

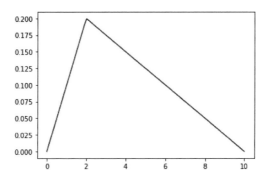

p. multivariate_normal: 多変量正規分布（multivariate normal distribution）

多変量正規分布は多次元の正規分布であり，平均を表す多次元ベクトル μ と共分散行列を表す尺度パラメータ Σ を用いて，

$$f(x) = \frac{1}{\sqrt{(2\pi)^k \det\Sigma}} \exp\left(-\frac{1}{2}(x - \mu)^T \Sigma^{-1}(x - \mu)\right)$$

と定義される．ここで $\det\Sigma$ は行列 Σ の行列式を表す．

平均と共分散行列を固定化した分布を生成するには，引数 mean と cov を用いる．平均が $(0, 0)$ で共分散行列が単位行列の 2 次元多変量正規分布を生成するには，以下のように記述する．

```python
from scipy.stats import multivariate_normal

n = multivariate_normal([0.0, 0.0])
print(n.rvs(3))
print(n.pdf([0.0, 0.0]))
```

```
[[ 2.12179385  1.40583912]
 [ 1.70707168  0.96422565]
 [ 0.76107922 -0.78667625]]
0.15915494309189532
```

■ 9.3.4 代表的な離散確率変数

a. poisson: Poisson 分布（Poisson distribution）

Poisson 分布とは，パラメータ $\mu > 0$ に対して確率関数が

$$P(X = k) = \frac{\mu^k e^{-\mu}}{k!} \quad \forall k = 0, 1, \ldots$$

で与えられる離散分布である．パラメータ μ は形状パラメータを表す引数 mu として入力する．Poisson 分布の確率関数 $P(X = k)$ は，単位時間中に平均で μ 回発生する稀な事象がちょうど k 回発生する確率を表す．平均，分散ともに μ である．

```python
from scipy.stats import poisson

poi = poisson(4)
print(poi.stats(moments="mv"))

x = np.arange(0, 11)
y = poi.pmf(x)
plt.plot(x, y, marker="o")
```

```
(array(4.), array(4.))
```

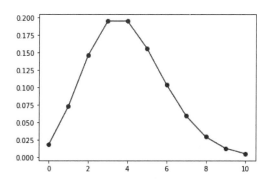

b. geom: 幾何分布（geometric distribution）

幾何分布とは，パラメータ $0 < p < 1$ に対して，確率関数が

$$P(X = k) = p(1 - p)^{k-1} \quad \forall k = 1, 2, \dots$$

で与えられる離散分布である（この分布をファーストサクセス分布とよび，幾何分布を $p(1-p)^k$ と定義することもある）．

パラメータ p は形状パラメータ p として入力する．幾何分布は，独立なコイン投げ（表の出る確率を p とする）を行ったときの表が出るまでに投げる回数を表す．平均は $1/p$，分散は $(1-p)/p^2$ である．幾何分布は無記憶性（$P(X > x + y | X > x) = P(X > y)$ がすべての $x, y = 1, 2, \dots$ に対して成立すること）をもつ．

```
from scipy.stats import geom

ge = geom(0.5)
print(ge.stats(moments="mv"))

x = np.arange(0, 11)
y = ge.pmf(x)
plt.plot(x, y, marker="o")
```

```
(array(2.), array(2.))
```

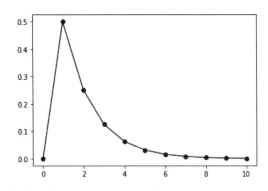

c. binom: 2 項分布 (binomial distribution)

2 項分布とは，パラメータ $0 < p < 1$，自然数 n に対して，確率関数が

$$P(X = k) = \binom{n}{k} p^k (1 - p)^{n-k} \quad \forall k = 0, 1, \ldots, n$$

で与えられる離散分布である．ただし，

$$\binom{n}{k} = \frac{n!}{k!(n-k)!}$$

である．パラメータ n, p は形状パラメータ n,p として入力する．2 項分布は，n 回の独立なコイン投げ（表の出る確率を p とする）を行ったときの表の出る数を表す．平均は np，分散は $np(1 - p)$ である．

```
from scipy.stats import binom

bi = binom(10, 0.3)
print(bi.stats(moments="mv"))

x = np.arange(0, 11)
y = bi.pmf(x)
plt.plot(x, y, marker="o")
```

(array(3.), array(2.1))

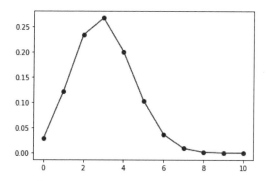

d. nbinom: 負の2項分布（negative binomial distribution）

負の2項分布とは，パラメータ $p \leq 1$，正数 n に対して，確率関数が

$$\binom{k+n-1}{n-1} p^n (1-p)^k \quad \forall k = 0, 1, \ldots$$

で与えられる離散分布である．パラメータ n, p は形状パラメータ n,p として入力する．

負の2項分布は，独立なコイン投げ（表の出る確率を p とする）を行ったとき，n 回表が出るまでに裏が出た回数を表す．平均は $n(1-p)/p$，分散は $n(1-p)/p^2$ である．

```python
from scipy.stats import nbinom

nbi = nbinom(4, 0.3)
print(nbi.stats(moments="mv"))

x = np.arange(0, 20)
y = nbi.pmf(x)
plt.plot(x, y, marker="o")
```

```
(array(9.33333333), array(31.11111111))
```

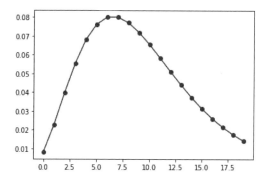

e. hypergeom: 超幾何分布（hypergeometric distribution）

超幾何分布とは，自然数 M, n, N に対して，確率関数が

$$P(X = k) = \frac{\binom{n}{k}\binom{M-n}{N-k}}{\binom{M}{N}} \quad \forall \max(0, N - (M - n)) \le k \le \min(n, N)$$

で与えられる離散分布である．パラメータ M, n, N は形状パラメータ M, n, N として入力する．超幾何分布は，N 個の当たりをもつ M 個入りのくじから，n 個を非復元抽出したときに k 個の当たりが含まれている確率を与える．平均は nN/M，分散は

$$\frac{(M - n)n(M - N)N}{(M - 1)M^2}$$

である．

```
from scipy.stats import hypergeom

hy = hypergeom(100, 10, 30)
print(hy.stats(moments="mv"))

x = np.arange(0, 20)
y = hy.pmf(x)
plt.plot(x, y, marker="o")
```

(array(3.), array(1.90909091))

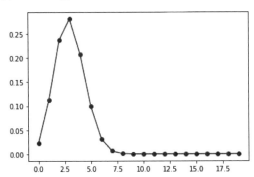

問題 114 一様分布

範囲 $[2.75, 6.50]$ に一様に分布した需要を考える．

1) 平均と変動係数は？

2) 5 以上になる確率は？

3) 平均から標準偏差 σ 以内になる確率は？

問題 115 ：3 角分布

需要を推定したところ最低でも 1，最大だと 7，最頻値が 4 であることが判明した．3 角分布を仮定して以下の問いに答えよ．

1) 平均と変動係数は？

2) 5 以上になる確率は？

3) 平均から標準偏差 σ 以内になる確率は？

問題 116 Poisson 分布

顧客の訪問件数が 1 分間に平均 2.2 人の Poisson 分布にしたがうと仮定したとき，以下の問に答えよ．

1) 1 分間に誰も来ない確率は？

2) 1 分間に 2 人以下の確率は？

3) 少なくとも 1 人の訪問がある確率は？

■ 9.3.5 データのあてはめ

fit(data) メソッドは，与えられたデータ data に対するパラメータの **最尤推定値** を計算するための関数である．返値は，形状パラメータ shape，位置パラメータ loc，尺度パラメータ scale のタプルである．

例として，平均 100，標準偏差 10 の正規分布の 10 個のランダムサンプルと 10000 個のランダムサンプルで比較する．

```
from scipy.stats import norm

rvs = norm(loc=100, scale=10).rvs(size=10)
print(norm.fit(rvs))
```

(106.72235167168519, 6.03355761877896)

```
rvs = norm(loc=100, scale=10).rvs(size=10000)
print(norm.fit(rvs))
```

(99.94705703634412, 10.03424828222017)

サンプル数が多い方が，良い推定値を返すことが確認できる．

平均や標準偏差を固定して推定することもできる．この場合には，引数 floc, fscale で位置パラメータと尺度パラメータの固定値を渡す．

例として，平均を 100 に固定して推定してみる．

```
rvs = norm(loc=100, scale=10).rvs(size=100)
print(norm.fit(rvs, floc=100))
```

(100, 10.77354048097617)

標準偏差の推定値が改善した．

ガンマ分布のように形状パラメータを必要とする場合には，引数名は **f0**, **f1**, ... と番号で指定する．

```
from scipy.stats import gamma

rvs = gamma(1, scale=10).rvs(size=10000)
print(gamma.fit(rvs))
```

(0.9961759171656837, 0.001265107521498718, 10.002171583894704)

形状パラメータ a を 1 に固定して予測する．

```
rvs = gamma(1, scale=10).rvs(size=10000)
print(gamma.fit(rvs, f0=1))
```

(1, 2.824539933266121e-05, 9.86146008235017)

■ 9.3.6 仮説検定

a. 例題：仮説検定（両側検定）

顧客の希望価格をヒアリングしたところ，7900, 11300, 13500, 6500, 5920, 6200, 6800, 1150, 8500, 7900, 8250, 5970, 20000, 7550, 6900, 10000, 1250 円という結果を得た．

希望価格の平均が 8000 円であるという帰無仮説を有意水準 5% で検定せよ．

t 検定を行う．

p-値は約 0.98 であり， 0.05 より大きいので帰無仮説は棄却できない．

```
from scipy import stats

price = np.array(
    [
        7900,
        11300,
        13500,
        6500,
        5920,
        6200,
        6800,
        1150,
        8500,
        7900,
        8250,
        5970,
        20000,
        7550,
        6900,
        10000,
```

```
        1250,
    ]
)
t, p = stats.ttest_1samp(price, popmean=8000)
print(price.mean(), p)
```

7975.882352941177 0.981924410901683

b. 例題: 仮説検定（片側検定）

サーバーの応答時間を調べたところ 50, 29, 38, 43, 42, 40, 36, 37 ms という結果を得た.
応答時間の平均値が 35 ms より大きいという対立仮説を有意水準 5%で検定せよ.

t 検定で得られた p-値（片側検定なので半分にする）は 0.05 より小さいので帰無仮説を棄却する.

```
speed = np.array([50, 29, 38, 43, 42, 40, 36, 37])
t, p = stats.ttest_1samp(speed, popmean=35)
print(speed.mean(), p / 2)
```

39.375 0.040901671787554675

■ 9.3.7 分布テスト

probplot 関数は, 与えられたデータの分布を任意の分布と比較する確率プロットを返す. 分布を指定する引数は dist であり, 既定値は正規分布を表す norm である. また返値は, 確率プロットの x, y 座標, 最小自乗法による回帰分析の結果のタプルである. なお, 回帰分析の結果は, 傾き, y 切片, 決定係数の平方根のタプルである.

例として, [0, 10] の一様分布にしたがってランダムに発生させたデータに対する確率プロットを示す.

```
from scipy.stats import norm, probplot
from scipy.stats import uniform

u = uniform(loc=0, scale=10)
rvs = u.rvs(size=100)
xy_pair, corr = probplot(rvs, plot=plt)
print(corr)
```

(2.9694088950580446, 5.26273513955523, 0.9699380369706573)

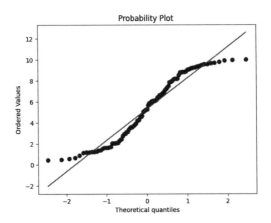

正規分布に近いと基準線である赤線に近づく．今度は，一様分布と近いか否かを引数 dist を uniform にして調べてみる．

```
xy_pair, corr = probplot(rvs, dist="uniform", plot=plt)
print(corr)
```

(10.098369966597, 0.01697484919380088, 0.9977752554272767)

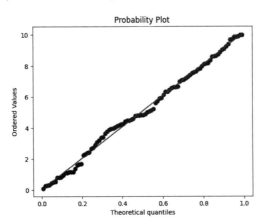

決定係数の平方根が 1 に近づき，基準線と重なっているので，サンプルは正規分布より一様分布に近いと判断できる．

■9.3.8　信頼区間

未知の母集団からサンプリングを行い，90%の信頼区間を求めたい．

例として，母集団を平均 mu（= 100），標準偏差 sigma（= 10）の正規分布とし，10000

個の擬似乱数を生成する.

```
from scipy.stats import norm
import numpy as np
from scipy import stats

mu = 100.0
sigma = 10.0
normal = norm(mu, sigma)
population = normal.rvs(10000)
population
```

```
array([ 91.8568754 ,  77.30281219, 103.45218038, ..., 102.92834131,
        88.70689383, 112.62455436])
```

サンプルサイズ（sample size）50 のサンプルを,1000 個（これをサンプル数とよ
ぶ; number of samples のこと.統計の用語はあまり良くない！）抽出し,その平均と
標準偏差を計算する.

ただし,標準偏差は平均が未知であるので,不偏標準偏差を計算する必要がある.
NumPy の標準偏差を計算するためのメソッド std では,既定値は通常の（不偏ではな
い）標準偏差であり,不偏にするためには引数 ddof（Delta Degrees of Freedom の略；
自由度の差を表す）を 1 に設定する必要がある.

$$\sum_{i=1}^{n}(x_i - \bar{x})^2/n$$

一方,不偏分散は以下のように,分母の n から 1（= ddof）を減じて補正したもので
ある.

$$\sum_{i=1}^{n}(x_i - \bar{x})^2/(n-1)$$

平均は母集団の平均とほぼ同じで,標準偏差は母集団の標準偏差をサンプルサイズの
平方根で割ったものとほぼ同じであることが確認できる（大数の法則）.

```
sample_size = 50
num_samples = 1000
sample_mean, sample_std = [], []
for i in range(num_samples):
    sample = np.random.choice(population, sample_size)
    sample_mean.append(sample.mean())
sample_mean = np.array(sample_mean)
print("標本平均と標本平均の標準偏差 = ", sample_mean.mean(),
      sample_mean.std(ddof=1))
print("母集団の標準偏差/sqrt(sample_size)= ", sigma / np.sqrt(sample_size))
```

標本平均と標本平均の標準偏差 ＝　100.06611426470428 1.4404989689736518
母集団の標準偏差/sqrt(sample_size)＝　1.414213562373095

問題 117 ：大数の法則

　ある店舗の 1 分あたりの客数は，平均 $\mu = 4$，標準偏差 $\sigma = 5$ であった．分布は特定されないが，時間ごとに独立で同一の分布と仮定できるものとする．また，独立同一な n 個の確率変数の和は，平均 μn，標準偏差 $\sigma\sqrt{n}$ の正規分布に近づくことが知られている（大数の法則）.

　これを利用して，1 時間あたりの客数が 260 以上になる確率を求めよ.

　また，220 以上 260 以下である確率を求めよ.

　1 つのサンプルの標本平均 $\bar{x}$ と標本標準偏差 $s/\sqrt{n}$（n はサンプルサイズ）を用いて，90%信頼区間を計算する.

　$100(1 - \alpha)$%の信頼区間は，分布が正規分布で近似できる場合には，以下のようになる.

$$\bar{x} - z_{\frac{\alpha}{2}}\sqrt{\frac{s^2}{n}} < \mu < \bar{x} + z_{\frac{\alpha}{2}}\sqrt{\frac{s^2}{n}}$$

ここで μ は母集団の平均（未知数）であり，上式が成立する確率が $100(1 - \alpha)$%になるように信頼区間は設定される.

　SciPy の stats にある正規分布 norm の interval(alpha, loc, scale) は，平均 loc，標準偏差 scale の正規分布の 100(1−alpha)%点を求めるメソッドであるので，サンプルの 90%信頼区間は以下のように計算できる.

```
stats.norm.interval(0.9, sample.mean(), sample.std(ddof=1) / np.sqrt(sample_size))
```

```
(100.60732484701236, 104.82042570453217)
```

　サンプルをたくさん生成して信頼区間を計算し，母集団の平均 μ がその区間に含まれる割合を計算する.

　おおよそ 90%になっていることが確認できる.

```
count = 0
for i in range(num_samples):
    sample = np.random.choice(population, sample_size)
    lb, ub = stats.norm.interval(
        0.9, sample.mean(), sample.std(ddof=1) / np.sqrt(sample_size)
    )
    if mu > lb and mu < ub:
        count += 1
print(count / num_samples)
```

| 0.885

　今度は，サンプルサイズを 10 に設定してみる．一般に，サンプルサイズ n が 30 未満の場合には，正規分布で近似するのではなく，t 分布を用いることが推奨される．

　$100(1-\alpha)$％の信頼区間は，分布が t 分布で近似できる場合には，以下のようになる．

$$\bar{x} - t_{\frac{\alpha}{2}}(n-1)\sqrt{\frac{s^2}{n}} < \mu < \bar{x} + t_{\frac{\alpha}{2}}(n-1)\sqrt{\frac{s^2}{n}}$$

まずは正規分布と仮定して，信頼区間を計算して，母集団平均 μ が区間に含まれている割合を計算してみる．指定した 90％ではなく，それより小さい値になっていることが確認できる．

```python
sample_size = 10
num_samples = 1000
sample_mean, sample_std = [], []
for i in range(num_samples):
    sample = np.random.choice(population, sample_size)
    sample_mean.append(sample.mean())
```

```python
stats.norm.interval(0.9, sample.mean(), sample.std(ddof=1) / np.sqrt(sample_size))
```

| (94.78985048997073, 101.11212635325926)

```python
count = 0
for i in range(num_samples):
    sample = np.random.choice(population, sample_size)
    lb, ub = stats.norm.interval(
        0.9, sample.mean(), sample.std(ddof=1) / np.sqrt(sample_size)
    )
    if mu > lb and mu < ub:
        count += 1
print(count / num_samples)
```

| 0.88

　t 分布を用いて信頼区間を計算する．t.interval の第 2 引数は自由度であり，サンプルサイズ -1 と設定する．

　正規分布より広い区間となっており，母集団平均もほぼ 90％の割合で区間内に入っていることが確認できる．

```python
stats.t.interval(
    0.9, len(sample) - 1, sample.mean(), sample.std(ddof=1) / np.sqrt(sample_size)
)
```

```
(94.92475355447223, 107.61525710972265)
```

```
count = 0
for i in range(num_samples):
    sample = np.random.choice(population, sample_size)
    lb, ub = stats.t.interval(
        0.9, len(sample) - 1, sample.mean(), sample.std(ddof=1) / np.sqrt(↩
    sample_size)
    )
    if mu > lb and mu < ub:
        count += 1
print(count / num_samples)
```

```
0.904
```

9.4 補間

　ここでは，補間に関するサブパッケージ interpolate について開設する．

　補間（interpolation）とは，特定の領域内に与えられた離散的なデータ点をもとに，同じ領域内の他の点を近似する連続関数を構築するための方法である．補間は**内挿**ともよばれる．

　また，与えられた領域外の点の近似を行うことを**外挿**（extrapolation）とよぶ．

　例として 1 次元の関数 $f(x) = \sin x / (1 + x^2)$ の補間を考える．

　関数 $f(x)$ と $[-4, 4]$ の整数に対応する 9 個のデータ点 $x_i, y_i = f(x_i)$ を生成しておく．

```
from scipy import interpolate

x = np.arange(-4, 5)
y = np.sin(x) / (1 + x**2)
plt.plot(x, y, "o");
```

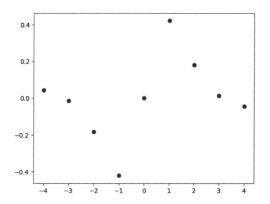

■9.4.1　Lagrange 多項式

$k + 1$ 個のデータ点 $(x_0, y_0), (x_1, y_1), \dots, (x_k, y_k)$ が x_i の昇順に並んでいるものとする

補間は,すべての点を通る多項式を 1 つ決めるのか,区分 $[x_i, x_{i+1}]$ ごとに異なる多項式を用いるのかによって大きく 2 つに分けられる.

前者の方法の 1 つとして,**Lagrange 多項式**（Lagrange polynomial）がある.

Lagrange 基底多項式

$$\ell_j(x) = \frac{(x - x_0)}{(x_j - x_0)} \cdots \frac{(x - x_{j-1})}{(x_j - x_{j-1})} \frac{(x - x_{j+1})}{(x_j - x_{j+1})} \cdots \frac{(x - x_k)}{(x_j - x_k)}$$

を用いて

$$L(x) = \sum_{j=0}^{k} y_j \ell_j(x)$$

と定義される. $\ell_j(x_j) = 1$ であり,かつ $\ell_j(x_i) = 0 \ (i \neq j)$ であるので,$L(x)$ はすべてのデータ点を通過することが分かる.

interpolate パッケージにある lagrange(x,y) は 1 次元データに対する Lagrange 多項式を求めるための関数である.

これは,同じ長さをもつ 1 次元配列 x と y に対して,関数 $y = f(x)$ を近似する Lagrange 多項式を返す. 返値は NumPy の 1 次元の多項式オブジェクトである.

```
f = interpolate.lagrange(x, y)
print(f)
xnew = np.arange(-4, 4, 0.01)
ynew = f(xnew)
plt.plot(x, y, "o", xnew, ynew, "-")
```

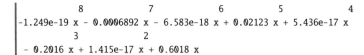

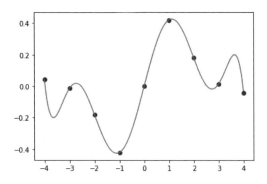

■ 9.4.2　線形補間

区分ごとに異なる多項式を用いる場合には，自由度が増えるので様々な方法が考えられる．

interpolate パッケージにある interp1d(x,y) は 1 次元データに対する補間を行う関数である．同じ長さをもつ 1 次元配列 x と y に対して，関数 $y = f(x)$ を近似する補間を行う．返値は，関数のように与えられた新しい点 x に対して値 y を返すオブジェクトである．x, y 以外の主な引数は以下の通り．

- kind: 補間の種類を表す文字列であり，"linear"（線形補間；既定値），"nearest"（最近点補間），"zero"（0 次補間），"slinear"（スプライン線形補間），"quadratic"（スプライン 2 次補間），"cubic"（スプライン 3 次補間）から選択する．
- copy: 与えられたデータ x, y のコピーを作成してから処理するか否かを表す論理値である．既定値はコピーすることを表す True である．
- fill_value: 領域外の点を与えたときに割り当てられる値である．既定値は NaN である．
- assume_sorted: 点を表すデータ x が昇順に並んでいるか否かを表す論理値である．既定値は昇順に並んでいるデータを仮定する True である．

最も簡単な方法は区分ごとに異なる線分で繋いだ（区分的線形）関数である．これは**線形補間**（linear interpolation）とよばれる．

```python
f = interpolate.interp1d(x, y, kind="linear")
xnew = np.arange(-4, 4, 0.01)
ynew = f(xnew)
```

```
plt.plot(x, y, "o", xnew, ynew, "-");
```

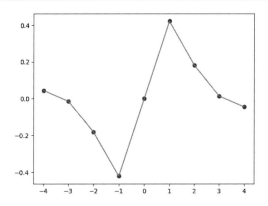

■ 9.4.3 最近点補間と0次補間

　線形補間と同様に線分を用いた補間として，**最近点補間**（nearest-neighbor interpolation）と **0 次補間**（zero-degree interpolation）がある．

　これらは両者とも区分的一定な関数を用いたものであり，同じ手法を表すことも多いが，SciPy では区別している．最近点補間は最も近いデータ点 x_i の値 y_i をとる関数であり，0 次補間は $[x_i, x_{i+1}]$ の値を y_i とする関数である

```
f = interpolate.interp1d(x, y, kind="nearest")
xnew = np.arange(-4, 4, 0.01)
ynew = f(xnew)
plt.plot(x, y, "o", xnew, ynew, "-");
```

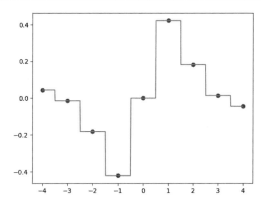

```
f = interpolate.interp1d(x, y, kind="zero")
xnew = np.arange(-4, 4, 0.01)
```

```
ynew = f(xnew)
plt.plot(x, y, "o", xnew, ynew, "-");
```

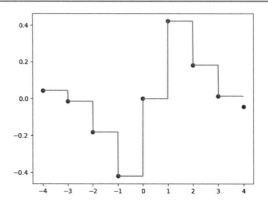

■9.4.4　スプライン補間

　区分ごとに異なる多項式を用いる方法として**スプライン補間**（spline interpolation）がある.

　ここでスプラインとは自在定規のことであり，スプライン補間は与えられた複数の点を通る「滑らかな」曲線で，データ点を繋ぐ.最も良く使われるのは 3 次のスプライン補間であり，各データ点において微分値と 2 次微分値が連続になるように，区分ごとに多項式を決める.

　以下に，1 次（線形補間を同じ），2 次，3 次のスプライン補間の結果を順に示す.

```
f = interpolate.interp1d(x, y, kind="slinear")
xnew = np.arange(-4, 4, 0.01)
ynew = f(xnew)
plt.plot(x, y, "o", xnew, ynew, "-");
```

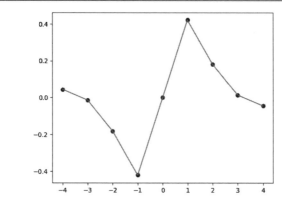

```
f = interpolate.interp1d(x, y, kind="quadratic")
xnew = np.arange(-4, 4, 0.01)
ynew = f(xnew)
plt.plot(x, y, "o", xnew, ynew, "-");
```

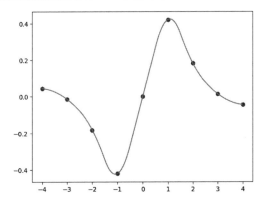

```
f = interpolate.interp1d(x, y, kind="cubic")
xnew = np.arange(-4, 4, 0.01)
ynew = f(xnew)
plt.plot(x, y, "o", xnew, ynew, "-");
```

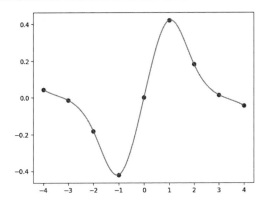

問題 118 テーマパークの待ち時間

　あなたはテーマパークからアトラクションの待ち時間の調査を依頼された．待ち時間を 30 分おきに測定した結果は，開園時刻を 0 とした Python のリストとして，以下のように与えられている．

[80,90,90,100,110,110,90,90,90,90,90,80,80,60,60,60,60,70,70,70,60,35,40,50,45]

　開園から閉園までの任意の時刻における待ち時間を推定するには，どのようにした

ら良いだろうか？ 補間を用いて解決せよ.

問題 119 需要の欠損値

ある新製品の毎日の需要量を調べたところ，以下のリストのようになっていることが分かった. ただし，リスト内の？は需要を調べるのを忘れたことを表す. 適当な補間を用いて，情報のない日の需要量を予測せよ.

需要量 = [18, 20, 23 , 25 , ？, 28, ？, ？, 35]

問題 120 テーマパークの待ち時間（欠損あり）

再び，アトラクションの待ち時間の調査を行った. 待ち時間を 30 分おきに測定した結果は，開園時刻を 0 とした Python のリストとして，以下のように与えられている. 開園から閉園までの任意の時刻における待ち時間を Lagrange 補間と 3 次スプライン補間を用いて推定せよ. ただし，リスト内の NaN は Not a Number（数でないもの）を意味し，測定機械のミスでデータが取れなかったことを表す.

[5,55,80,60,70,60,50,60,70,55,40,55,55,NaN,NaN↵
    ,80,80,80,70,80,80,70,60,45,30,25,20,15]

9.5 積分

SciPy のサブパッケージ integrate は，定積分を行うための関数をまとめたものである. 以下では，基本的な 1 重積分 quad と 2 重積分 dblquad を紹介するが，他にも 3 重積分，n 重積分など様々な関数が含まれる.

9.5.1 1 重積分関数 quad

quad は Fortran 言語で書かれた QUADPACK を用いて 1 重定積分を求める.
引数は以下の通り.

- func: 積分を行う関数 f である. 複数の引数をもつ関数を入力した場合には，第 1 引数についてのみ積分を行う.
- a: 積分範囲 $[a, b]$ の下限 a を表す. $-\infty$ にしたい場合には，NumPy の-inf を用いる.
- b: 積分範囲 $[a, b]$ の上限 b を表す. $b > a$ である必要がある. $+\infty$ にしたい場合には，NumPy の inf を用いる.

返値は積分値と誤差のタプルである.

a. 例題: 円錐の体積

底辺の半径 $r = 10$ cm，高さ $h = 10$ cm の円錐の体積を求めてみよう，頂点から底辺の中心への距離 x での断面の面積は πx^2 であるので，これを区間 $[0, 10]$ で積分するこ

とによって，円錐の体積は，

$$\int_0^{10} \pi x^2 dx$$

と計算できる．

理論値は $\frac{1}{3}\pi r^2 h$ である．

```
from scipy import integrate

f = lambda x: np.pi * x**2
print(integrate.quad(f, 0.0, 10.0))  # 積分
print(np.pi / 3.0 * 10**3)  # 理論値
```

```
(1047.1975511965977, 1.162622832669544e-11)
1047.1975511965977
```

問題 121 楕円の面積

楕円 $x^2 + y^2/10 \le 1$ の面積を求めよ．

楕円の面積の公式から，$\pi \times \sqrt{1} \times \sqrt{10}$ と計算できるが，積分関数 quad を用いて近似計算を行え．

問題 122 円状の都市

面積 1 の円状の都市に一様に住んでいる人たちが，円の中心にあるスーパーに行くときの距離の期待値を求めよ．

ちなみに理論値は $2/3\sqrt{\pi}$ である（拙著『はじめての確率論』（近代科学社）p.31 参照）．

■ 9.5.2 2 重積分関数 dblquad

dblquad は Fortran 言語で書かれた QUADPACK を用いて 2 重定積分を求める．

引数は以下の通り．

• func: 少なくとも 2 つの変数（たとえば x, y）をもつ関数 $f(x, y)$ である．

• a: 積分範囲 $[a, b]$ の下限 a を表す．$-\infty$ にしたい場合には，NumPy の-inf を用いる．

• b: 積分範囲 $[a, b]$ の上限 b を表す．$b > a$ である必要がある．$+\infty$ にしたい場合には，NumPy の inf を用いる．

• gfun: 第 2 引数である変数 y の積分範囲の下限を規定する関数 $g(x)$ である．

• hfun: 第 2 引数である変数 y の積分範囲の上限を規定する関数 $h(x)$ である．

返値は積分値と誤差のタプルである．

a. 例題: 正方形の都市

面積 1 の正方形の都市に一様に住んでいる人たちが，正方形の中心にあるスーパーに行くときの距離の期待値を求めてみよう．正方形 $[0, 1]^2$ 内の座標 x, y に住んでいる

人の中心への距離は

$$\sqrt{\left(x - \frac{1}{2}\right)^2 + \left(y - \frac{1}{2}\right)^2}$$

と計算できるので，これを区間 $[0, 1]^2$ で積分することによって，期待値が計算できる．x の積分範囲は $[0, 1]$ で良いが，y の積分範囲は x の関数として与える必要があるので，ダミーの関数 g,h を作成して引数として渡していることに注意されたい．

理論値 $(\sqrt{2} + \log(1 + \sqrt{2}))/6$ の導出は結構面倒である（拙著『はじめての確率論』（近代科学社）p.33 参照）．

```
f = lambda x, y: np.sqrt((x - 0.5) ** 2 + (y - 0.5) ** 2)
g = lambda x: 0.0
h = lambda x: 1.0
print(integrate.dblquad(f, 0, 1, g, h))  # 2重積分
print((np.sqrt(2) + np.log(1 + np.sqrt(2))) / 6.0)  # 理論値
```

```
(0.38259785823171677, 1.3339283233548827e-08)
0.38259785823210635
```

問題 123 高速道路の修理車と故障車の位置

区間 $[0, 1]$ の高速道路上に故障車が一様に発生しているものとする．修理車は高速道路上に 1 台あり，前に修理した位置にいて，どこでも U ターンしてかけつけることができる．故障車と修理車の距離の期待値を求めよ．

ちなみに理論値は 1/3 である（拙著『はじめての確率論』（近代科学社）p.88 参照）．

10 PyMCによるベイズ推論とProphetによる時系列データの予測

- ベイズ推論パッケージ PyMC と需要予測パッケージ Prophet を紹介する.

10.1 Prophet とは

Prophet(`https://facebook.github.io/prophet/`)は需要予測のためのパッケージである. ここでは, Prophet を用いた需要予測の方法について述べる. また, 需要予測の基本原理と, Prophet の基礎になるベイズ推論を PyMC パッケージを用いて解説する.

10.2 需要予測

筆者は, 以前は最適化の仕事は引き受けても予測の仕事は引き受けないことにしていた. 予測は現場で長年働いている人の経験を加味して行うべきものであり, 門外漢がいくらテクニックを駆使してもそれを超えることは難しいかと考えていたからだ.

しかし最近になって, 需要予測は当たらないといけないという考えを捨てて, 誤差の管理を行うことだと割り切って考えることにして, 予測に積極的に関与するようになった. 多くの最適化モデルは, 予測がある程度合っているという前提で構築される. 予測をいいかげんにされると, 最適化モデル自体が役に立たないものになる. ゴミを入れればゴミが出てくるからだ.

誤差を管理することによって, 需要予測を「点」で行うのではなく,「範囲」で行うことが可能になる. また, 需要の分布も特定できるようになる. 範囲内での最適化はロバスト最適化, 確率分布を仮定した最適化は確率最適化という枠組みで解決可能になる.

以下では，サプライ・チェイン最適化に関連した需要予測の基本と重要なモデルについて解説する．

■ 10.2.1   予測の公理

最近，サプライ・チェインの現場において，予測に関する多くの誤りが浸透していることに気づいた．ここでは，このような誤用を減らして正しい予測手法を適用するための，予測の公理について述べる．

• 予測は予測のためならず

しばしば，予測を目的として仕事をしている人たちを見かける．予測は，ほかの重要な意思決定を行うための基礎となる手段であり，予測そのものを目的としてはならない．実際には，予測よりもその誤差を評価することの方が重要である．誤差が増えているのか，減っているのか，その理由は何かを考えることが，需要予測の真の目的なのである．

たとえば，小売りの現場で需要予測を行うことは，在庫費用の削減や品切れ損出の回避などを目的としたものであり，予測の精度だけを問題にするのではなく，どの程度外れているのかという誤差の管理と，外れた場合の影響や，緊急発注などの回避手段とあわせて考える必要がある．

また，予測するだけでなく，なぜそのような値になったのかを究明することも重要である．需要が 0 という日が続いた場合には，それが，本当に需要がなかったのか，それとも在庫がないために売れなかったのか，陳列場所が悪かったために売れなかったのか，などをあわせて原因を分析する必要がある．

多くのメーカーでは，需要予測をするためだけの部署を設けているが，これもナンセンスなのでできるだけ早くほかの部署と連携をとるように改めるべきである．需要は当てるものではなくコントロールするものであり，需要予測を当てることだけを目標としている部署は，廃止すべきである．

• 予測は外れるもの

しばしば予測が当たったとか外れたとかいう言葉を現場の人から聞くが，経営はギャンブルではないので的中というのはありえない．この人なら当たるとかいうのは迷信であり，たまたま当たったときに声を張り上げて宣伝しているか，誤差が大きいにもかかわらず当たったと宣伝しているかの何れかである．サプライ・チェインからはちょっと外れるが，地震の予測（予知ともいう）も似たようなものであり，日本中のどこかで地震が発生すると予測し，そのうち 1 つが当たると的中と宣伝していたりする．ましてや，株や競馬の予想的中などの宣伝は，たまたま当たったときの結果だけを掲載し，外れたときのものを消去して，予想的中の証拠として提出していたりする．いま

だに，こんな宣伝にだまされる人がいるのかと感心するが，社内で需要予測が的中する人がいるという会社も似たような詐欺に遭っていると言える．

　重要なことは，どの程度外れたのかを時系列的に管理することである．誤差が増えている際には，その原因を追求し，予測手法を改善するなり，在庫を増やして品切れを回避するなりの行動をとるのが正しい方法である．

・集約すれば精度が上がる

　往々にして，個々のものの予測は難しいが，それをまとめたものの予測は容易になる．たとえば，特定の場所で特定のマグニチュードの地震が明日発生することを予測するのは難しいが，日本のどこかでマグニチュード4以上の地震が来年発生することは容易に予測できる．前者はほぼ0％であるが，後者はほぼ100％の精度で予測できる．これが集約の力である．

　サプライ・チェインでも同様であり，商品を集約して商品群にすれば精度があがり，個々の店舗での売上でなく，地域内のすべての店舗の売上を集約すれば精度が上がる．時間軸でも同様であり，1時間以内の需要を予測精度は，日，週，月，年単位と集約していくにしたがって上がっていく．

　予測精度だけを議論するのであれば，どんどん集約した方が得であるが，もちろんどんどん役に立たなくなる．前述したように，重要なことは，その予測を何に使うかであり，使用法にあわせて「適切に」集約を行うことである．

　また，製品設計や在庫地点を考慮することによって，物理的に集約を行うこともできる．たとえば，製品のモジュール化や遅延差別化やリスク共同管理がこれに相当する．これらはモダンなサプライ・チェインの基本戦略であり，そのすべてがこの単純な公理（集約した方が予測精度が上がる）に基づくものであることは興味深い．

・目先の需要は当たりやすく，遠い未来の需要は予測しにくい

　明日の天気はある程度予測できるが，1年後の天気は予測しにくい．不確実性は時間が経過するにしたがって増大するからである．需要予測も同様である．たとえば，カップラーメンなどは一部の定番品を除いて，来年店頭に並んでいるかどうかも怪しい．

　近い未来の予測は，短期のオペレーショナルな意思決定に用いるので，比較的正確性が必要であるが，遠い未来の予測は長期のストラテジックな意思決定に用いるので，おおよそで構わない．さらに，長期の意思決定の際には，データは集約して行われるので，予測精度も上がる．要は，目的のために適切な精度で管理できるように，時間軸を集約することが推奨される．たとえば，近い未来は予測精度がよいので，集約をせずに日単位で予測し，未来に行くにしたがって時間軸の集約を行い，週単位，月単位，年単位としていく訳である．このテクニックはテレスコーピングとよばれ，時間軸を含んだ実際問題を解くときによく用いられる．

■ 10.2.2　予測手法と使い分け

　古典的な予測手法は statsmodels に入っている．種々の指数平滑法の拡張や，ARIMA
などは簡単にできる．いずれも高速なので，補助的なデータがない時系列データに対
して，簡易的な予測をしたい場合には便利だが，予測精度は期待すべきではない．

　機械（深層）学習を用いた予測は，scikit-learn（最近では pycaret）や fastai の Tabular
モデルや LSTM を用いることによって容易にできる．補助的なデータが豊富な場合に
は，これらの手法が推奨される．

　補助的なデータが少ない時系列データの場合には，prophet を用いたベイズ推論が推
奨される．ベイズ推論だと，予測を点でするのではなく，不確実性の範囲まで得られ
るので，サプライ・チェインのモデルと相性が良い．例えば，在庫モデルにおいては，
不確実性の情報が不可欠だからだ．

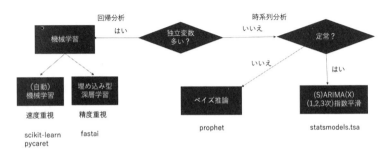

10.3　ベイズ推論

　ここでは，**ベイズ推論** (Bayesian inference) を PyMC パッケージ `https://www.pymc`
`.io/` を用いて解説する．PyMC は Google Colab にプレインストールされている．

■ 10.3.1　ベイズの公式

　ベイズ推論は，高校で学習するベイズの公式を利用する．
- $P(A|B)$ ： B という事象が発生したときに A が起こる条件付き確率
- $P(A \cap B)$: 事象 A と B が同時に発生する確率

$$P(A|B) = \frac{P(A \cap B)}{P(B)}$$

同様に，

$$P(B|A) = \frac{P(A \cap B)}{P(A)}$$

ベン図を使うと簡単に理解できる．

■ 10.3.2 事前分布と事後分布と尤度関数

- $P(\bar{B})$: 事象 B が発生しない確率
- $P(B) + P(\bar{B}) = 1$

  ベイズの公式から,

$$P(B|A) = \frac{P(A|B)P(B)}{P(A)} = \frac{P(A|B)p(B)}{P(A|B)P(B) + P(A|\bar{B})P(\bar{B})}$$

B をモデルのパラメータ θ, A を（観測された）データとすると,

$$P(\theta|data) = \frac{P(data|\theta)P(\theta)}{P(data)}$$

- $P(\theta)$: 事前分布（prior）
- $P(data|\theta)$: パラメータ θ に対する尤度関数 $L(\theta)$ (likelihood)
- $P(\theta|data)$: 事後分布（posterior）

  事後分布は, 尤度と事前分布の積に比例する.

$$P(\theta|data) \propto P(data|\theta)P(\theta) = \text{Likelyhood} \times \text{Prior}$$

■ 10.3.3 ベイズ線形回帰

例として, 通常の線形回帰をベイズ推論を用いて行う. 以下の 2 変数の線形モデルを仮定し, データを生成する.

$$Y \quad \sim N(\mu, \sigma^2)$$
$$\mu \quad = \alpha + \beta_1 X_1 + \beta_2 X_2$$

```
import arviz as az
import numpy as np
import pymc as pm

alpha, sigma = 1, 1
beta = [1, 2.5]
size = 100

X1 = np.random.randn(size)
X2 = np.random.randn(size) * 0.2

Y = alpha + beta[0] * X1 + beta[1] * X2 + np.random.normal(size=size) * sigma
```

■ 10.3.4 ベイズ推論

ベイズ推論は, 事前分布と尤度関数によって定義された生成モデルがあれば, ベイ

ズの公式を用いて，データが与えられた条件下での事後分布の推定が可能であることを利用する．

線形回帰の例では，事前分布は α, β は正規分布，σ は負の部分を除いた半正規分布とし，生成モデルは $\mu = \alpha + \beta_1 X_1 + \beta_2 X_2$，尤度関数は $Y \sim N(\mu, \sigma^2)$ とする．

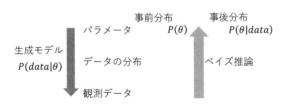

ベイズの公式　$P(\theta|data) \propto P(data|\theta)P(\theta)$

```
model = pm.Model()
with model:
    # 事前分布
    alpha = pm.Normal("alpha", mu=0, sigma=10)
    beta = pm.Normal("beta", mu=0, sigma=10, shape=2)
    sigma = pm.HalfNormal("sigma", sigma=1)

    # 生成モデル
    mu = alpha + beta[0] * X1 + beta[1] * X2

    # 尤度関数
    Y_obs = pm.Normal("Y_obs", mu=mu, sigma=sigma, observed=Y)
```

■ 10.3.5 MCMC（Markov chain Monte Carlo）法

実際の分布の推定には，**MCMC** （Markov chain Monte Carlo）法を利用する．

MCMC 法は，以下に示すように改悪も許した確率的な探索を行うことによって，分布のサンプリングを行う．

- 適当な初期パラメータ θ
- 収束するまで以下を反復
  - 提案分布にしたがい新しい点 θ^{new} を生成
  - 推移確率を計算
    $$q = P(\theta^{new}|data)/P(\theta|data)$$
  - 推移確率が1以上なら確率1で，そうでなければ確率 q で $\theta = \theta^{new}$

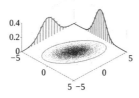

ベイズ線形回帰の事後分布をサンプリングによって生成する.

```
with model:
    # 事後分布を 1000 個サンプル（時間がかかるのでしばらく待つ）
    idata = pm.sample(draws=1000)
```

■ 10.3.6 結果の表示

```
az.plot_trace(idata, combined=True, figsize=(10,10));
```

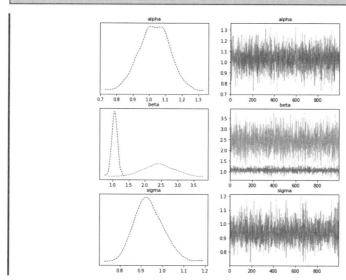

```
az.summary(idata, round_to=2)
```

	mean	sd	hdi_3%	hdi_97%	mcse_mean	mcse_sd	ess_bulk	ess_tail	r_hat
alpha	1.03	0.09	0.86	1.21	0.00	0.00	3101.07	1585.09	1.0
beta[0]	1.06	0.09	0.89	1.22	0.00	0.00	2642.38	1633.52	1.0
beta[1]	2.44	0.45	1.64	3.31	0.01	0.01	3164.36	1788.72	1.0
sigma	0.94	0.07	0.81	1.07	0.00	0.00	2338.74	1457.89	1.0

元のデータは，以下のコードによって生成していたので，良い近似になっていることが確認できる.

```
alpha, sigma = 1, 1
beta = [1, 2.5]
```

10.4 諸パッケージのインポート

Prophet で予測するために必要なパッケージをインポートしておく．vega_datasets のデータを用いるので，インストールしておく.

https://github.com/altair-viz/vega_datasets

```
# Google Colabの場合
#import plotly.io as pio
#pio.renderers.default = "colab"
#!pip install prophet
#!pip install -U vega_datasets

import pandas as pd
from prophet import Prophet
from vega_datasets import data
import plotly.express as px
import prophet.plot as fp
import plotly
```

10.5 Prophet の基本

Prophet を Python から呼び出して使う方法は，機械学習パッケージ scikit-learn と同じである.

1) **Prophet** クラスのインスタンス **model** を生成
2) **fit** メソッドで学習（引数はデータフレーム）
3) **predict** メソッドで予測（引数は予測したい期間を含んだデータフレーム）

■ 10.5.1   例題: Wiki アクセス数

例としてアメリカンフットボールプレーヤの Payton Manning の Wiki アクセス数の

データを用いる.

```
df = pd.read_csv("http://logopt.com/data/peyton_manning.csv")
df.head()
```

	ds	y
0	2007-12-10	9.590761
1	2007-12-11	8.519590
2	2007-12-12	8.183677
3	2007-12-13	8.072467
4	2007-12-14	7.893572

Prophet モデルのインスタンスを生成し，fit メソッドで学習（パラメータの最適化）を行う．fit メソッドに渡すのは，上で作成したデータフレームである．このとき，**ds**（datestamp）列に日付（時刻）を，**y** 列に予測したい数値を入れておく必要がある（この例題では，あらかじめそのように変更されている）．

```
model = Prophet()
model.fit(df)
```

```
<prophet.forecaster.Prophet at 0x7ff1c82f31f0>
```

make_future_dataframe メソッドで未来の時刻を表すデータフレームを生成する．既定値では，予測で用いた過去の時刻も含む．引数は予測をしたい期間数 **periods** であり，ここでは，1 年後（365 日分）まで予測することにする．

```
future = model.make_future_dataframe(periods=365)
future.tail()
```

	ds
3265	2017-01-15
3266	2017-01-16
3267	2017-01-17
3268	2017-01-18
3269	2017-01-19

predict メソッドに予測したい時刻を含んだデータフレーム future を渡すと，予測値を入れたデータフレーム forecast を返す．このデータフレームは，予測値 yhat の他に，予測の幅などの情報をもった列を含む．以下では，予測値 yhat の他に，予測の上限と下限（yhat_lower と yhat_upper）を表示している．

```
forecast = model.predict(future)
forecast[["ds", "yhat", "yhat_lower", "yhat_upper"]].tail()
```

	ds	yhat	yhat_lower	yhat_upper
3265	2017-01-15	8.212625	7.490936	8.952181
3266	2017-01-16	8.537635	7.801412	9.285417
3267	2017-01-17	8.325071	7.604013	9.018835
3268	2017-01-18	8.157723	7.458736	8.901977
3269	2017-01-19	8.169677	7.469157	8.876939

matplotlib を用いた描画は，plot メソッドで行う．

```
model.plot(forecast)
```

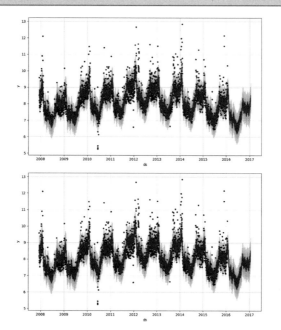

■ 10.5.2 一般化加法モデル

Prophet における予測は**一般化加法モデル**を用いて行われる．これは，傾向変動，季節変動，イベント情報などの様々な因子の和として予測を行う方法である．

$$y_t = g_t + s_t + h_t + \epsilon_t$$

- y_t：予測値
- g_t：傾向変動（trend）；傾向変化点ありの線形もしくはロジスティック曲線
- s_t：季節変動；年次，週次，日次の季節変動を sin, cos の組み合わせ（フーリエ級数）で表現
- h_t：休日などのイベント項
- ϵ_t：誤差項

因子ごとに予測値の描画を行うには，plot_components メソッドを用いる．既定では，以下のように，上から順に傾向変動，週次の季節変動，年次の季節変動が描画される．また，傾向変動の図（一番上）には，予測の誤差範囲が示される．季節変動の誤差範囲を得る方法については，後述する．

```
model.plot_components(forecast)
```

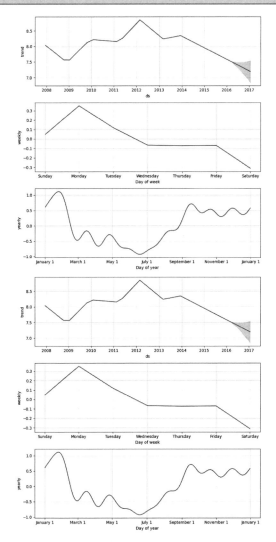

　対話形式に，拡大縮小や範囲指定ができる動的な図も，Plotly ライブラリを用いて得ることができる．

```
fig = fp.plot_plotly(model, forecast)
plotly.offline.plot(fig);
```

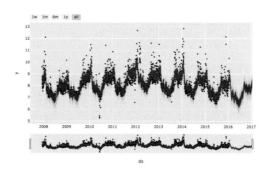

■ 10.5.3 例題: CO_2 排出量のデータ

データライブラリから二酸化炭素排出量のデータを読み込み，Plotly Express で描画する．

```
co2 = data.co2_concentration()
co2.head()
```

```
         Date     CO2
0  1958-03-01  315.70
1  1958-04-01  317.46
2  1958-05-01  317.51
3  1958-07-01  315.86
4  1958-08-01  314.93
```

```
fig = px.line(co2,x="Date",y="CO2")
plotly.offline.plot(fig);
```

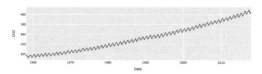

列名の変更には，データフレームの **rename** メソッドを用いる．引数は **columns** で，元の列名をキーとし，変更後の列名を値とした辞書を与える．また，元のデータフレームに上書きするために，**inplace** 引数を **True** に設定しておく．

```
co2.rename(columns={"Date":"ds","CO2":"y"},inplace=True)
co2.head()
```

```
           ds       y
0  1958-03-01  315.70
1  1958-04-01  317.46
2  1958-05-01  317.51
3  1958-07-01  315.86
4  1958-08-01  314.93
```

make_future_dataframe メソッドで未来の時刻を表すデータフレームを生成する．既定値では，（予測で用いた）過去の時刻も含む．ここでは，200 ヶ月先まで予測することにする．

そのために，引数 **periods** を 200 に，頻度を表す引数 **freq** を Month を表す **M** に設定しておく

predict メソッドに予測したい時刻を含んだデータフレーム future を渡すと，予測値を入れたデータフレーム forecast を返す．このデータフレームは，予測値 yhat の他に，予測の幅などの列を含む．

最後に plot メソッドで表示する．

```
model = Prophet()
model.fit(co2)
future = model.make_future_dataframe(periods=200, freq="M")
forecast = model.predict(future)
model.plot(forecast);
```

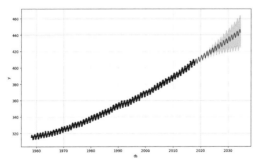

予測は一般化加法モデルを用いて行われる．

これは，傾向変動，季節変動，イベント情報などの様々な因子の和として予測を行う方法である．

上に表示されているように，週次と日次の季節変動は無視され，年次の季節変動のみ考慮して予測している．

因子ごとに予測値の描画を行うには，plot_components メソッドを用いる．既定では，以下のように，上から順に傾向変動，週次の季節変動，年次の季節変動が描画される．また，傾向変動の図（一番上）には，予測の誤差範囲が示される．季節変動の誤差範囲を得る方法については，後述する．

```
model.plot_components(forecast);
```

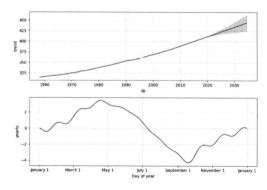

Plotly で描画すると，一部を拡大，期の選択などが可能になる．

```
fig = fp.plot_plotly(model, forecast)
plotly.offline.plot(fig);
```

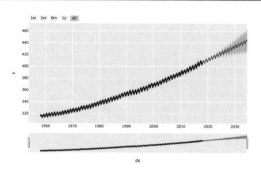

■ 10.5.4　例題: 航空機乗客数のデータ

Prophet の既定値では季節変動は加法的モデルであるが，問題によっては乗法的季節変動の方が良い場合もある．例として，航空機の乗客数を予測してみよう．最初に既定値の加法的季節変動モデルで予測し，次いで乗法的モデルで予測する．

```
passengers = pd.read_csv("http://logopt.com/data/AirPassengers.csv")
passengers.head()
```

	Month	#Passengers
0	1949-01	112
1	1949-02	118
2	1949-03	132
3	1949-04	129
4	1949-05	121

```
fig = px.line(passengers,x="Month",y="#Passengers")
plotly.offline.plot(fig);
```

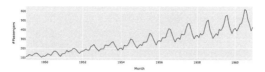

```
passengers.rename(inplace=True,columns={"Month":"ds","#Passengers":"y"})
passengers.head()
```

	ds	y
0	1949-01	112
1	1949-02	118
2	1949-03	132
3	1949-04	129
4	1949-05	121

季節変動を乗法的に変更するには，モデルの **seasonality_mode** 引数を乗法的を表す **multiplicative** に設定する．

なお，以下のデータは月次のデータであるので，make_future_dataframe の **freq** 引数を **M**（Month）に設定する．

```
model = Prophet().fit(passengers)
future = model.make_future_dataframe(periods=20, freq="M")
forecast = model.predict(future)
model.plot(forecast);
```

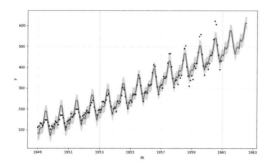

```
model = Prophet(seasonality_mode="multiplicative").fit(passengers)
future = model.make_future_dataframe(periods=20, freq="M")
forecast = model.predict(future)
model.plot(forecast);
```

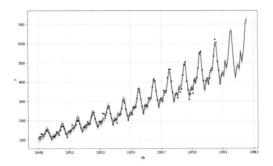

結果から，乗法的季節変動の方が，良い予測になっていることが確認できる．

問題 124　（小売りの需要データ）

　以下の，小売りの需要データを描画し，予測を行え．ただし，モデルは乗法的季節変動で，月次で予測せよ．

```
retail = pd.read_csv("http://logopt.com/data/retail_sales.csv")
retail.head()
```

	ds	y
0	1992-01-01	146376
1	1992-02-01	147079
2	1992-03-01	159336
3	1992-04-01	163669
4	1992-05-01	170068

■ 10.5.5　例題: 1 時間ごとの気温データ

　ここではシアトルの気温の予測を行う．

```
climate = data.seattle_temps()
climate.head()
```

	date	temp
0	2010-01-01 00:00:00	39.4
1	2010-01-01 01:00:00	39.2
2	2010-01-01 02:00:00	39.0
3	2010-01-01 03:00:00	38.9
4	2010-01-01 04:00:00	38.8

　このデータは，**date** 列に日付と 1 時間ごとの時刻が，**temp** 列に気温データが入っている．

　Prophet は，日別でないデータも扱うことができる．date 列のデータ形式は，日付を表す YYYY-MM-DD の後に時刻を表す HH:MM:SS が追加されている．未来の時刻を表すデータフレームは，make_future_dataframe メソッドで生成するが，このとき引数 freq で時間の刻みを指定する．ここでは 1 時間を表す **H** を指定する．

```
climate["Date"] = pd.to_datetime(climate.date)
```

```
climate.rename(columns={"Date":"ds","temp":"y"},inplace=True)
```

```
model = Prophet().fit(climate)
future = model.make_future_dataframe(periods=200, freq="H")
forecast = model.predict(future)
model.plot(forecast);
```

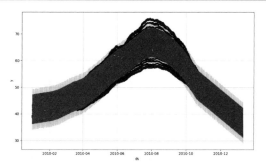

因子ごとに予測値を描画すると，傾向変動と週次の季節変動の他に，日次の季節変動（1 日の気温の変化）も出力される．

```
model.plot_components(forecast);
```

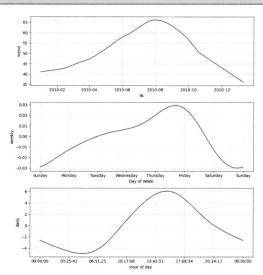

問題 125 （サンフランシスコの気温データ）

以下のサンフランシスコの気温データを描画し，時間単位で予測を行え．

```
sf = data.sf_temps()
```

```
sf.head()
```

```
    temp           date
0  47.8  2010-01-01 00:00:00
1  47.4  2010-01-01 01:00:00
2  46.9  2010-01-01 02:00:00
3  46.5  2010-01-01 03:00:00
4  46.0  2010-01-01 04:00:00
```

■ 10.5.6 傾向変化点

「上昇トレンドの株価が，下降トレンドに移った」というニュースをよく耳にする
だろう．このように，傾向変動は，時々変化すると仮定した方が自然なのだ．Prophet
では，これを傾向の変化点として処理する．再び，Peyton Manning のデータを使う．

add_changepoints_to_plot を使うと，変化した点（日次）と傾向変動を図に追加して
描画できる．引数は軸（axis），モデル（model），予測データフレーム（forecast）であ
り，軸は図オブジェクトの gca（get current axis）メソッドで得る．

```
df = pd.read_csv("http://logopt.com/data/peyton_manning.csv")
model = Prophet().fit(df)
future = model.make_future_dataframe(periods=366)
forecast = model.predict(future)
fig = model.plot(forecast)
a = fp.add_changepoints_to_plot(fig.gca(),model,forecast);
```

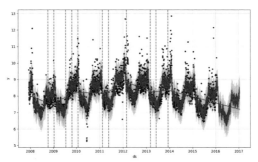

変化点の数を制御するための引数は **changepoint_prior_scale** であり，既定値は 0.05
である．これを増やすと変化点が増え，予測の自由度が増すため予測幅が大きくなる．

```
model = Prophet(changepoint_prior_scale=0.5).fit(df)
future = model.make_future_dataframe(periods=366)
forecast = model.predict(future)
fig = model.plot(forecast)
fp.add_changepoints_to_plot(fig.gca(), model, forecast);
```

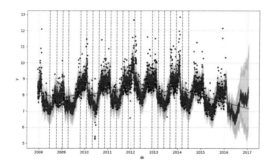

傾向変化点のリストを changepoints 引数で与えることもできる。以下の例では，1つの日だけで変化するように設定している.

```
model = Prophet(changepoints=["2014-01-01"]).fit(df)
future = model.make_future_dataframe(periods=366)
forecast = model.predict(future)
fig = model.plot(forecast)
fp.add_changepoints_to_plot(fig.gca(), model, forecast);
```

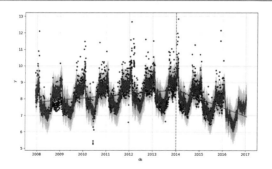

■ 10.5.7 例題: SP500 データ

株価の予測を行う.

傾向変化点の候補は自動的に設定される．既定値では時系列の最初の80%の部分に均等に設定される．これは，モデルの **changepoint_range** 引数で設定する．この例では，期間の終わりで変化点を設定したいので，0.95 に変更する.

年次の季節変動の変化の度合いは，**yearly_seasonality**（既定値は 10）で制御できる．この例では，このパラメータを5に変更することによって年間の季節変動を抑制して予測を行う.

```
sp500 = data.sp500()
sp500.tail()
```

	date	price
118	2009-11-01	1095.63
119	2009-12-01	1115.10
120	2010-01-01	1073.87
121	2010-02-01	1104.49
122	2010-03-01	1140.45

```python
sp500.rename(inplace=True,columns={"date":"ds","price":"y"})
```

```python
model = Prophet(changepoint_prior_scale=0.5, changepoint_range=0.95,↩
    yearly_seasonality=5).fit(sp500)
future = model.make_future_dataframe(periods=200, freq="D")
forecast = model.predict(future)
model.plot(forecast);
```

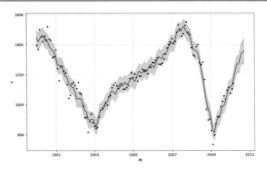

```python
model.plot_components(forecast);
```

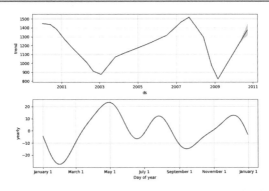

```python
from prophet.plot import add_changepoints_to_plot
fig = model.plot(forecast)
a = add_changepoints_to_plot(fig.gca(), model, forecast)
```

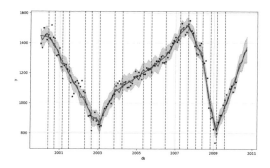

■ 10.5.8 例題: 個別銘柄の株価の予測

stocks データでは, symbol 列に企業コードが入っている.

- AAPL アップル
- AMZN アマゾン
- IBM IBM
- GOOG グーグル
- MSFT マイクロソフト

まずは可視化を行う.

```
stocks = data.stocks()
stocks.tail()
```

	symbol	date	price
555	AAPL	2009-11-01	199.91
556	AAPL	2009-12-01	210.73
557	AAPL	2010-01-01	192.06
558	AAPL	2010-02-01	204.62
559	AAPL	2010-03-01	223.02

```
fig = px.line(stocks,x="date",y="price",color="symbol")
plotly.offline.plot(fig);
```

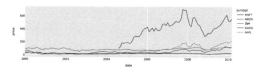

以下では, マイクロソフトの株価を予測してみる.

```
msft = stocks[ stocks.symbol == "MSFT"]
msft.head()
```

	symbol	date	price
0	MSFT	2000-01-01	39.81
1	MSFT	2000-02-01	36.35
2	MSFT	2000-03-01	43.22
3	MSFT	2000-04-01	28.37
4	MSFT	2000-05-01	25.45

```
msft = msft.rename(columns={"date":"ds","price":"y"})
msft.head()
```

	symbol	ds	y
0	MSFT	2000-01-01	39.81
1	MSFT	2000-02-01	36.35
2	MSFT	2000-03-01	43.22
3	MSFT	2000-04-01	28.37
4	MSFT	2000-05-01	25.45

```
model = Prophet(changepoint_prior_scale=0.5, changepoint_range=0.95,↵
    yearly_seasonality=5).fit(msft)
future = model.make_future_dataframe(periods=200, freq="D")
forecast = model.predict(future)
model.plot(forecast);
```

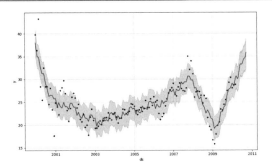

```
model.plot_components(forecast);
```

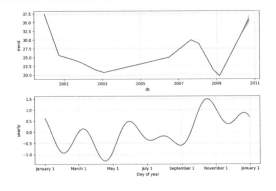

問題 126　（株価）

上の株価データのマイクロソフト以外の銘柄を 1 つ選択し，予測を行え．

```
stocks = data.stocks()
stocks.head()
```

	symbol	date	price
0	MSFT	2000-01-01	39.81
1	MSFT	2000-02-01	36.35
2	MSFT	2000-03-01	43.22
3	MSFT	2000-04-01	28.37
4	MSFT	2000-05-01	25.45

10.6 発展編

以下では，Prophet の高度な使用法を解説する．

■ 10.6.1 ロジスティック曲線による予測

Prophet による予測の既定値は線形モデルであるが，ロジスティック曲線を用いることもできる．これによって，上限や下限に漸近する時系列データの予測を行うことができる．

上限を規定するためには，データフレームの **cap** 列に上限値（容量（capacity）の略で cap）を入力する（下限値を設定する場合には，floor 列に下限値を入力する）．これは行（データ）ごとに設定しなければならない．

次いで，引数 growth を logistic に設定して Prophet モデルを生成すると，ロジスティック曲線に当てはめを行う．

```
logistic = pd.read_csv("http://logopt.com/data/logistic.csv")
```

```
model = Prophet(growth="logistic")
logistic["cap"] = 8.5
model.fit(logistic)
future = model.make_future_dataframe(periods=1826)
future["cap"] = 8.5
forecast = model.predict(future)
model.plot(forecast);
```

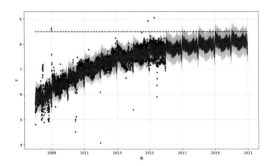

■ 10.6.2　外れ値の影響

外れ値（outlier）を除去すると予測の精度が向上する場合がある．以下の例では，
2010 年あたりに大きな変化があるため，予測の幅が広がっている．

```
outliers1 = pd.read_csv("http://logopt.com/data/outliers1.csv")
```

```
model = Prophet()
model.fit(outliers1)
future = model.make_future_dataframe(periods=1096)
forecast = model.predict(future)
model.plot(forecast);
```

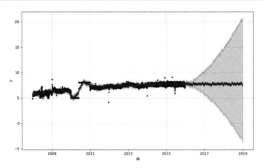

2010 年のデータを除外することによって，予測が改善される．

```
outliers1.loc[(outliers1["ds"] > "2010-01-01") & (outliers1["ds"] < "2011-01-01"),
    "y"] = None
model =Prophet()
model.fit(outliers1)
forecast = model.predict(future)
model.plot(forecast);
```

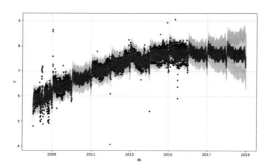

　上では，外れ値を除外することによって予測が改善されたが，これがいつでも成立するとは限らない．以下の例では 2015 年 6 月に外れ値が観察される．

```
outliers2 = pd.read_csv("http://logopt.com/data/outliers2.csv")
```

```
model = Prophet()
model.fit(outliers2)
future = model.make_future_dataframe(periods=1096)
forecast = model.predict(future)
model.plot(forecast);
```

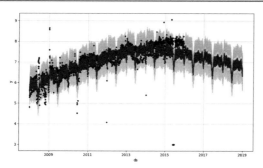

上の予測では 2015 年 6 月のデータを予測に用いず，外れ値として処理しているので，外れ値を除外すると予測の幅が広がる．

```
outliers2.loc[(outliers2["ds"] > "2015-06-01") & (outliers2["ds"] < "2015-06-30"), ↵
    "y"] = None
model = Prophet()
model.fit(outliers2)
future = model.make_future_dataframe(periods=1096)
forecast = model.predict(future)
model.plot(forecast);
```

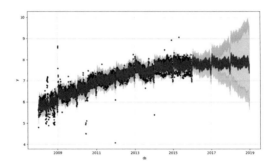

■ 10.6.3 休日（特別なイベント）を考慮した予測

休日や特別なイベントをモデルに追加することを考える．そのためには，holiday
と ds（datestamp）を列名としたデータフレームを準備する必要がある．holiday 列
にはイベント名を，ds にはそのイベントが発生する日時を入力する．

以下では，holiday 列に superbowl と playoff の 2 種類を入れる．

また，イベントの影響が指定した日時の前後何日まで影響を与えるかを示す 2 つの
列 lower_window と upper_window を追加することができる．

例として Peyton Manning の例題のデータを用いる．

```
df = pd.read_csv("http://logopt.com/data/peyton_manning.csv")
df.head()
```

	ds	y
0	2007-12-10	9.590761
1	2007-12-11	8.519590
2	2007-12-12	8.183677
3	2007-12-13	8.072467
4	2007-12-14	7.893572

```
playoffs = pd.DataFrame({
  "holiday": "playoff",
  "ds": pd.to_datetime(["2008-01-13", "2009-01-03", "2010-01-16",
                        "2010-01-24", "2010-02-07", "2011-01-08",
                        "2013-01-12", "2014-01-12", "2014-01-19",
                        "2014-02-02", "2015-01-11", "2016-01-17",
                        "2016-01-24", "2016-02-07"]),
  "lower_window": 0,
  "upper_window": 1,
})
superbowls = pd.DataFrame({
  "holiday": "superbowl",
  "ds": pd.to_datetime(["2010-02-07", "2014-02-02", "2016-02-07"]),
  "lower_window": 0,
  "upper_window": 1,
```

```
})
holidays = pd.concat((playoffs, superbowls))
holidays.head()
```

	holiday	ds	lower_window	upper_window
0	playoff	2008-01-13	0	1
1	playoff	2009-01-03	0	1
2	playoff	2010-01-16	0	1
3	playoff	2010-01-24	0	1
4	playoff	2010-02-07	0	1

引数 holidays で休日を表すデータフレームを与えることによって，特別なイベント
を考慮した予測を行うことができる．

```
model= Prophet(holidays=holidays)
model.fit(df)
future = model.make_future_dataframe(periods=365)
forecast = model.predict(future)
```

プレーオフやスーパーボールなどのイベント効果がある日だけ抜き出してデータフ
レームを表示する．

```
forecast[(forecast["playoff"] + forecast["superbowl"]).abs() > 0][
        ["ds", "playoff", "superbowl"]][-10:]
```

	ds	playoff	superbowl
2190	2014-02-02	1.231269	1.189638
2191	2014-02-03	1.900381	1.461279
2532	2015-01-11	1.231269	0.000000
2533	2015-01-12	1.900381	0.000000
2901	2016-01-17	1.231269	0.000000
2902	2016-01-18	1.900381	0.000000
2908	2016-01-24	1.231269	0.000000
2909	2016-01-25	1.900381	0.000000
2922	2016-02-07	1.231269	1.189638
2923	2016-02-08	1.900381	1.461279

因子別に描画を行うと，イベントによって変化した量が描画される（上から2番目）．

```
model.plot_components(forecast);
```

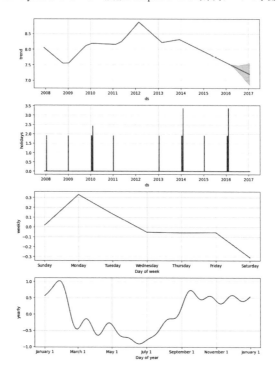

■ 10.6.4 国（州）別の休日

add_country_holidays を用いて，各国（州）の休日データを追加することができる．日本のデータもあるが，天皇誕生日がずれていたりするので，注意を要する．

```
model = Prophet(holidays=holidays)
model.add_country_holidays(country_name="US")
model.fit(df)
```

<prophet.forecaster.Prophet at 0x7f8ee9460580>

追加された休日名を **train_holiday_names** 属性で確認しておく．

```
model.train_holiday_names
```

```
0                    playoff
1                  superbowl
2              New Year's Day
3    Martin Luther King Jr. Day
4         Washington's Birthday
5               Memorial Day
```

```
6                  Independence Day
7                          Labor Day
8                       Columbus Day
9                       Veterans Day
10                      Thanksgiving
11                     Christmas Day
12           Christmas Day (Observed)
13            Veterans Day (Observed)
14        Independence Day (Observed)
15         New Year's Day (Observed)
dtype: object
```

　米国の休日を考慮して予測を行い，因子別に描画してみる．上から 2 番目が，休日に対する影響を表している．

```
forecast = model.predict(future)
model.plot_components(forecast);
```

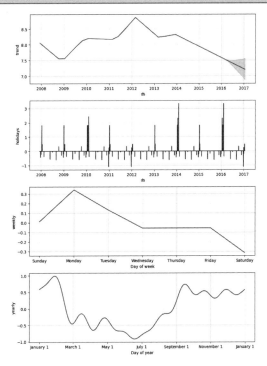

■ 10.6.5　予測因子の追加

　add_regressor メソッドを用いると，モデルに因子を追加できる．以下の例では，オンシーズンの日曜日にだけ影響がでる因子を追加している．

```
def nfl_sunday(ds):
  date = pd.to_datetime(ds)
  if date.weekday() == 6 and (date.month > 8 or date.month < 2):
    return 1
  else:
    return 0
df = pd.read_csv("http://logopt.com/data/peyton_manning.csv")
df["nfl_sunday"] = df["ds"].apply(nfl_sunday)
model = Prophet()
model.add_regressor("nfl_sunday")
model.fit(df)
future = model.make_future_dataframe(periods=365)
future["nfl_sunday"] = future["ds"].apply(nfl_sunday)
forecast = model.predict(future)
model.plot_components(forecast);
```

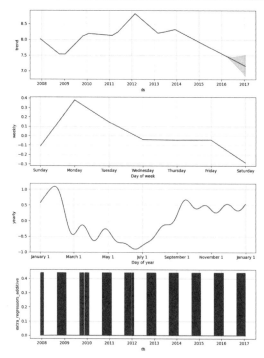

■ 10.6.6　ユーザーが設定した季節変動

　Prophet では既定値の年次や週次の季節変動だけでなく，ユーザー自身で季節変動を定義・追加できる．以下では，週次の季節変動を除き，かわりに周期が 30.5 日の月次

変動をフーリエ次数（seasonality の別名）5 として追加している．

```
model = Prophet(weekly_seasonality=False)
model.add_seasonality(name="monthly", period=30.5, fourier_order=5)
model.fit(df)
future = model.make_future_dataframe(periods=365)
forecast = model.predict(future)
model.plot_components(forecast);
```

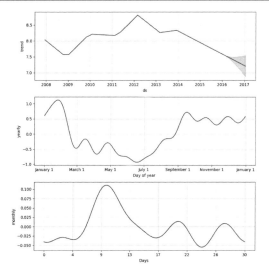

■10.6.7　他の要因に依存した季節変動

他の要因に依存した季節変動も定義・追加することができる．以下の例では，オンシーズンとオフシーズンごと週次変動を定義し，追加してみる．

```
def is_nfl_season(ds):
    date = pd.to_datetime(ds)
    return (date.month > 8 or date.month < 2)
df["on_season"] = df["ds"].apply(is_nfl_season)
df["off_season"] = ~df["ds"].apply(is_nfl_season)
```

```
model = Prophet(weekly_seasonality=False)
model.add_seasonality(name="weekly_on_season", period=7, fourier_order=3, ↵
    condition_name="on_season")
model.add_seasonality(name="weekly_off_season", period=7, fourier_order=3, ↵
    condition_name="off_season")
model.fit(df)
future = model.make_future_dataframe(periods=365)
future["on_season"] = future["ds"].apply(is_nfl_season)
future["off_season"] = ~future["ds"].apply(is_nfl_season)
```

```
forecast =model.predict(future)
model.plot_components(forecast);
```

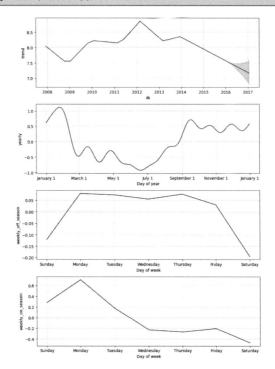

■ 10.6.8 休日と季節変動の効果の調整法

　休日の影響を抑制するためには，holidays_prior_scale を小さくすれば良い．この パラメータの既定値は 10 であり，これはほとんど正則化を行わないことを意味する．一般に，prior_scale を大きくするとそのパラメータの柔軟性が増し，小さくすると柔軟性が減る．以下では，holidays_prior_scale を 0.05 に設定して予測を行う．

```
df = pd.read_csv("http://logopt.com/data/peyton_manning.csv")
model= Prophet(holidays=holidays, holidays_prior_scale=0.05)
model.fit(df)
future = model.make_future_dataframe(periods=365)
forecast = model.predict(future)

forecast[(forecast["playoff"] + forecast["superbowl"]).abs() > 0][
    ["ds", "playoff", "superbowl"]][-10:]
```

	ds	playoff	superbowl
2190	2014-02-02	1.203527	0.970955
2191	2014-02-03	1.851203	0.993308
2532	2015-01-11	1.203527	0.000000
2533	2015-01-12	1.851203	0.000000
2901	2016-01-17	1.203527	0.000000
2902	2016-01-18	1.851203	0.000000
2908	2016-01-24	1.203527	0.000000
2909	2016-01-25	1.851203	0.000000
2922	2016-02-07	1.203527	0.970955
2923	2016-02-08	1.851203	0.993308

スーパーボール（superbowl）の効果が抑制されていることが見てとれる．同様に，季節変動の影響は seasonality_prior_scale を小さくすることによって抑制できる．

■ 10.6.9 不確実性の幅

Prophet は既定では傾向変動に対する不確実性の幅を予測する．このとき，引数 interval_width で予測の幅を設定できる．既定値は 0.8 である．このパラメータを大きくすると幅が広がり，小さくすると幅が狭くなることが確認できる．

例として CO_2 排出量のデータを用いる．

```
co2 = data.co2_concentration()
co2.rename(columns={"Date":"ds","CO2":"y"},inplace=True)
co2.head()
```

	ds	y
0	1958-03-01	315.70
1	1958-04-01	317.46
2	1958-05-01	317.51
3	1958-07-01	315.86
4	1958-08-01	314.93

```
model = Prophet(interval_width=0.95)
model.fit(co2)
future = model.make_future_dataframe(periods=200, freq="M")
forecast = model.predict(future)
model.plot(forecast);
```

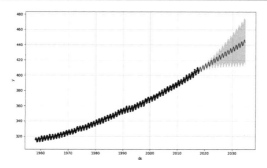

```
forecast = Prophet(interval_width=0.5).fit(co2).predict(future)
model.plot(forecast);
```

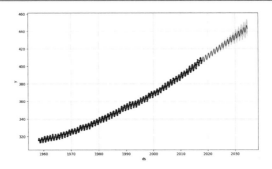

　季節変動に対する不確実性を予測するためには，マルコフ連鎖モンテカルロ法を行う必要がある．そのためには，引数 mcmc_samples をシミュレーションの反復回数に設定する．このパラメータの既定値は 0 である．

　これによって，既定値の最大事後確率（MAP）推定の代わりにマルコフ連鎖モンテカルロ法によるサンプリングが行われる．これは，非常に時間がかかることもある．要因別に図を描画してみると，季節変動に対しても不確実性の幅が示されていることが確認できる．

```
model = Prophet(mcmc_samples=100)
forecast = model.fit(co2).predict(future)
model.plot_components(forecast);
```

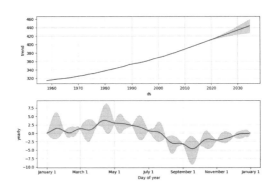

■ 10.6.10　検証と誤差の評価

Prophet では，予測の精度を検証するための仕組みが組み込まれている．例として，

Peyton Manning のデータセットを用いる．このデータセットは，全部で 2905 日分の
データで構成されている．

交差検証のためには cross_validation を用いる．

引数は以下の通り．

- model: 予測を行うモデル; 事前に fit メソッドで学習しておく必要がある
- horizon : 計画期間（予測を行う期間）
- period : 予測の間隔; 省略すると horizon の半分が代入される
- initial : 交差検証を開始する最初の期; 省略すると horizon の 3 倍が代入される

以下の例では，initial が 730 日なので，729 日までの情報を用いて，その後の 365
（horizon）日の予測を行い，本当の値との誤差を評価し，次いで 730 + 180（period）日
までの情報を用いて，その後の 365 日の予測を行い評価し，という手順を最後の日ま
で繰り返す．(2905 − 730 − 365)/180 = 10.05 であるので，11 回の予測を行い評価す
ることになる．cross_validation は，交差検証用のデータフレームを返す．

最初の検証は 730 日後である 2010-2-15（cutoff）までのデータを用いて，2010-2-16
から 365（horizon）日分の予測で行われ，次の検証はその 180（period）日後である 2010-
08-14 日から行われる．最後の検証は 2015-01-20 日までのデータを用いて 2016-01-20
日まで行われる．

```
df = pd.read_csv("http://logopt.com/data/peyton_manning.csv")
model = Prophet()
model.fit(df);
```

```
from prophet.diagnostics import cross_validation
df_cv = cross_validation(model, initial="730 days", period="180 days", horizon =
    "365 days")
df_cv.head()
```

	ds	yhat	yhat_lower	yhat_upper	y	cutoff
0	2010-02-16	8.959074	8.490492	9.469220	8.242493	2010-02-15
1	2010-02-17	8.725548	8.253267	9.210082	8.008033	2010-02-15
2	2010-02-18	8.609390	8.144968	9.107764	8.045268	2010-02-15
3	2010-02-19	8.531294	8.014229	9.048185	7.928766	2010-02-15
4	2010-02-20	8.273357	7.775097	8.779778	7.745003	2010-02-15

performance_metrics を用いてメトリクス（評価尺度）を計算する．評価尺度は，
平均平方誤差（mean squared error: MSE），平均平方誤差の平方根（root mean squared
error: RMSE），平均絶対誤差（mean absolute error: MAE），平均絶対パーセント誤差
（mean absolute percent error : MAPE），yhat_lower と yhat_upper の間に入っている
割合（被覆率: coverage）である．

既定値では予測期間の最初の 10% は除外して示される．これは，引数 rolling_window
によって変更できる．

```
from prophet.diagnostics import performance_metrics
df_p = performance_metrics(df_cv, rolling_window=0.1)
df_p.head()
```

	horizon	mse	rmse	mae	mape	mdape	smape	coverage
0	37 days	0.494752	0.703386	0.505215	0.058538	0.049584	0.058826	0.677935
1	38 days	0.500521	0.707475	0.510201	0.059115	0.049373	0.059463	0.675423
2	39 days	0.522712	0.722988	0.516284	0.059713	0.049505	0.060187	0.672682
3	40 days	0.529990	0.728004	0.519131	0.060018	0.049231	0.060561	0.673824
4	41 days	0.537478	0.733129	0.520118	0.060096	0.049373	0.060702	0.681361

　評価尺度は plot_cross_validation_metric で可視化できる．以下では平均絶対パーセント誤差（MAPE）を描画している．

```
from prophet.plot import plot_cross_validation_metric
plot_cross_validation_metric(df_cv, metric="mape");
```

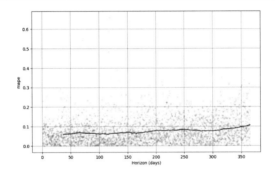

10.7 主なパラメータと既定値

　以下に Prophet の主要なパラメータ（引数）とその既定値を示す．

- growth=linear :傾向変動の関数．既定値は線形．ロジスティック曲線にするには logistic に設定
- changepoints=None : 傾向変更点のリスト
- changepoint_range = 0.8：傾向変化点の候補の幅（先頭から何割を候補とするか）
- n_changepoints=25：傾向変更点の数
- yearly_seasonality=auto：年次の季節変動を考慮するか否か
- weekly_seasonality=auto：週次の季節変動を考慮するか否か
- daily_seasonality=auto：日次の季節変動を考慮するか否か
- holidays=None：休日のリスト
- seasonality_prior_scale= 10.0：季節変動の事前分布のスケール値（パラメータの柔軟

性を表す）

- holidays_prior_scale= 10.0：休日の事前分布のスケール値（パラメータの柔軟性を表す）
- changepoint_prior_scale= 0.05：傾向変更点の事前分布のスケール値（パラメータの柔軟性を表す）
- mcmc_samples= 0：MCMC 法のサンプル数
- interval_width= 0.8：不確実性の幅
- uncertainty_samples= 1000：不確実性の幅を計算する際のサンプル数

11 グラフ・ネットワーク解析パッケージ NetworkX

- グラフ・ネットワークのためのパッケージ NetworkX について**解説する**.

NetwrokX（https://networkx.org/）はグラフ・ネットワーク解析のためのパッケージである.

ここでは実務で用いる機能を中心に解説する.

- グラフ理論
- グラフの生成と描画
- 点・枝の情報
- 描画の引数とレイアウト
- グラフに対する基本操作
- マッチングと Euler 閉路
- 最小木
- 最短路
- フロー問題
- 最大安定集合問題と最大クリーク問題

```
import networkx as nx  # networkxパッケージを nx という別名で読み込み
import matplotlib.pyplot as plt  # 描画用パッケージの読み込み

# 図の表示用のマジックコマンド
%matplotlib inline
```

11.1 グラフ理論

グラフ $G = (V, E)$ とは，点集合 V と枝集合 E から構成される概念である．点集合の要素を**点**（vertex, node）とよび，$u, v (\in V)$ などの記号で表す．枝集合の要素を**枝**

（edge, arc）とよび，*e*（∈ *E*）と表す．2点間に複数の枝がない場合には，両端点 *u*, *v* を決めれば一意に枝が定まるので，枝を両端にある点の組として (*u*, *v*) もしくは *uv* と表すことができる．

枝に「向き」をつけたグラフを**有向グラフ**（directed graph, digraph）とよび，有向グラフの枝を**有向枝**（directed edge, arc）とよぶ．一方，通常の（枝に向きをつけない）グラフであることを強調したいときには，グラフを**無向グラフ**（undirected graph）とよぶ．

ネットワーク（network）とは，有向グラフに枝上を流れる「もの」（フロー）を付加した概念である．ネットワーク上の最適化理論は 1950 年代にはじまり，その実務的な重要性と理論的な美しさから，急速に発展した分野である．

NetworkX では，点を node，枝を edge とよんでいる．

■ 11.1.1 グラフの生成法

グラフクラス Graph もしくは有向グラフクラス DiGraph から生成する．

```
import networkx as nx
```

```
G = nx.Graph()      # （無向）グラフ G の生成
```

```
D = nx.DiGraph()    #有向グラフ D の生成
```

```
G = nx.Graph()  #  （無向）グラフ G の生成
G
```

```
<networkx.classes.graph.Graph at 0x7fa740493040>
```

■ 11.1.2 点と枝の追加方法

• 点の追加

```
G.add_node(n)
```

で，グラフ G に点 n を追加する．n は不変オブジェクトなら何でも良い．

• 枝の追加

```
G.add_edge(u,v)
```

で，グラフ G に枝 (u,v) を追加する．枝を追加すると点は自動的に追加される．

```
G.add_node("Tokyo")
G.add_edge(1, 2)
print(G)
```

```
Graph with 3 nodes and 1 edges
```

■11.1.3　グラフの情報

G.nodes で点の情報，G.edges で枝の情報を得ることができる．

```
print(G.nodes)
print(G.edges)
```

```
['Tokyo', 1, 2]
[(1, 2)]
```

■11.1.4　点，枝に属性を付与

```
G.add_node(n,attr_dict)
```

で，第 2 引数 attr_dict に任意の属性を名前付き引数として付加することもできる．以下に例を示す．

```
G.add_node(1)
G.add_node("Tokyo")
G.add_node(5, demand=500)
G.add_node(6, product=["A","F","D"])
```

```
G.add_edge(u,v,attr_dict)
```

で，第 3 引数 attr_dict に任意の属性を名前付き引数として付加することもできる．以下に例を示す．

```
G.add_edge(1,2)
G.add_edge(1,3)
G.add_edge(2,3, weight=7, capacity=15.0)
G.add_edge(1,4, cost=1000)
```

■11.1.5　一度にたくさん追加

- 複数の点を一度に追加

```
G.add_nodes_from(L)
```

はリスト L 内の各要素を点としてグラフ G に追加する．引数はリスト L のかわりに集合，辞書，文字列，グラフオブジェクトなども可能である．

- 複数の枝を一度に追加

```
G.add_edges_from(L)
```

は長さ 2 のタプル (u,v) を要素としたリスト L 内の要素を枝 (u,v) として追加する．以下に例を示す．

```
G.add_edges_from([(1,2),(1,3),(2,3),(1,4)]
```

G.add_weighted_edges_from(L) は長さ 3 のタプル (u,v,w) を要素としたリスト L 内の要素を，枝 (u,v) ならびに重みを表す属性 w として追加する．重みの属性名の既定値は weight である．以下に例を示す．

```
G.add_weighted_edges_from([("s",1,5),("s",2,8),(2,1,2),(1,"t",8),(2,3,5),(3,"t"↵
,6)])
```

11.2 グラフの生成と描画

3 点からなる**完全グラフ** (complete graph: すべての点の間に枝がある無向グラフ) を生成して，描画する．

以下の 3 通りの方法を示す．

- 一番簡単で単純な方法（これが基本）
- for ループを使う方法（点の数が増えてきたらこれを使う）
- 関数を使って一発

```
G=nx.complete_graph(3)
```

描画は **draw** 関数を用いる．引数はグラフのインスタンスである．

Jupyter 環境で **%matplotlib inline** と宣言している場合には matplotlib の描画関数 **plt.show()** は省略できる．

```
G = nx.Graph()  # グラフのインスタンスを生成
G.add_edge(1, 2)  # 枝を追加
G.add_edge(1, 3)  # 枝を追加
G.add_edge(2, 3)  # 枝を追加
nx.draw(G)  # グラフを描画
print(G.nodes)
print(G.edges)
```

```
[1, 2, 3]
[(1, 2), (1, 3), (2, 3)]
```

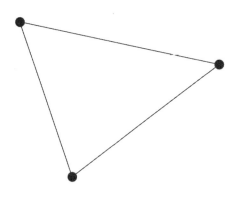

```
G = nx.Graph()  # グラフのインスタンスを生成
for i in range(3):
    for j in range(3):
        if i < j:  # 無向グラフなので，iより大きいjの場合だけ枝を生成
            G.add_edge(i, j)
# nx.draw(G)
```

```
G = nx.complete_graph(3)  # 完全グラフを生成するcomplete_graph関数を利用
# nx.draw(G)
```

■ 11.2.1 pyvis で動くグラフを描画

pyvis パッケージ（`https://pyvis.readthedocs.io/en/latest/index.html`）を
使うと，動かせるグラフを生成できる．

Google Colab の場合は，

```
!pip install pyvis
```

でインストールし，

```
from pyvis.network import Network
net = Network()
```

と pyvis のグラフ net を生成する．

Jupyter Notebook（Lab.）の場合には，引数の notebook を True にして生成する．

```
from pyvis.network import Network
net= Network(notebook=True)
```

NetworkX のグラフは from_nx メソッドで pyvis のグラフに変換できる．

Google Colab の場合には，その場で描画できないので，生成されたグラフ（graph.html）

をダウンロードしてからブラウザで開く.

```
from pyvis.network import Network

net = Network(notebook=True)
net.from_nx(G)
net.show("graph.html")  # 画面に出したいときには，この行を生かす
```

問題 **127** （グラフの生成と描画）

• 5 点の完全グラフを生成し描画せよ. ここで完全グラフとは，すべての点間に枝が
  ある無向グラフである.

• 3×3 の格子グラフを生成し，描画せよ. ここで**格子グラフ** （grid graph）とは，2
  次元平面上に座標 $(i, j)(i = 1, 2, \ldots, n; j = 1, 2, \ldots, m)$ をもつように nm 個の点を配
  置し，座標 (i, j) の各点に対して，右の点 $(i + 1, j)$ もしくは上の点 $(i, j + 1)$ が存在
  するなら枝をはることによって得られるグラフであり， grid_2d_graph(n,m) 関数で
  生成できる.

11.3 点・枝の情報

ここでは，点と枝に関する情報にアクセスする方法について述べる.

• G.nodes メソッドはグラフ G に含まれる点の集合（実際は View と呼ばれるオブジェ
  クト）を返す.

• G.nodes[n] は点 n の属性の情報を辞書として返す.

• for n in G はグラフ G の点に対する反復を行う.

```
D = nx.DiGraph()
D.add_node("Customer", demand=500)
D.add_node("Plant", product=["A", "F", "D"])
D.add_edge("Plant", "Customer")

print(D.nodes)
print(D.nodes["Customer"], D.nodes["Plant"])
for n in D:
    print(n)
```

```
['Customer', 'Plant']
{'demand': 500} {'product': ['A', 'F', 'D']}
Customer
Plant
```

• G.edges メソッドはグラフ G に含まれるすべての枝の集合（実際は View と呼ばれ
  るオブジェクト）を返す.

- for e in G.edges() でグラフ G の枝に対する反復を行うことができる.
- G.neighbors(u) は点 u に隣接する（有向グラフの場合には後続する）点のイテレータを返す.

　以下の例では，点 1 に隣接する点は 2, 3, 4 であり，点 2 に隣接する点は 1, 3,　点 3 に隣接する点は 1, 2,　点 4 に隣接するのは点 1 だけである.

```python
G = nx.Graph()
G.add_edges_from([(1, 2), (1, 3), (2, 3), (1, 4)])
for n in G.neighbors(1):
    print(n)
for n in G:
    print(n, list(G.neighbors(n)))
```

```
2
3
4
1 [2, 3, 4]
2 [1, 3]
3 [1, 2]
4 [1]
```

- G[u] は点 u に隣接する点 v をキーとし，枝 (u,v) に付加された情報を値とした辞書を返す.

　以下の例では，点 1 に隣接する点は 2, 3, 4 であり，接続する枝の重みはそれぞれ 100, 200, 50 である.

- G[u][v] は枝 (u,v) に付加された属性の情報を辞書として返す.

　つまり，枝 (1,2) の重みは 100 である.

```python
G = nx.Graph()
G.add_weighted_edges_from([(1, 2, 100), (1, 3, 200), (2, 3, 60), (1, 4, 50)])
print(G[1])
print(G[1][2])
```

```
{2: {'weight': 100}, 3: {'weight': 200}, 4: {'weight': 50}}
{'weight': 100}
```

- D.successors(u) は有向グラフ D に対する点 u の後続点のイテレータを返す.
- D.predecessors(u) は有向グラフ D に対する点 u の先行点のイテレータを返す.

```python
for n in D.successors("Plant"):
    print(n)
```

```
Customer
```

問題 128

　3×3 の格子グラフを生成し，枝の重みをランダムに設定せよ.

11.4 描画の引数とレイアウト

関数 **draw** の代表的な引数は以下の通り.

- pos：点をキー，座標（*x, y* のタプル）を値とした辞書を与える．これによって点の座標を指定できる．省略された場合にはバネ法（後述）によって計算された座標に描画する.
- with_labels：点の名称の表示の有無を指定できる．既定値は False.
- nodelist：描画する点のリストを指定できる.
- edgelist：描画する枝のリストを指定できる.
- node_size：描画する点の大きさを指定できる．既定値は 300.
- node_color：描画する点の色を指定できる．既定値は "r"（赤）.
- width：描画する枝の幅を指定できる．既定値は 1.0.
- edge_color：描画する枝の色を指定できる．既定値は "k"（黒）.

  描画の際の点の位置 pos を求めるための関数として，以下のものが準備されている.

- spring_layout(G)：隣接する点の間に反発するバネがあると仮定して得られるレイアウト（バネのレイアウト）の座標を返す．これが既定値であるので，引数 pos を省略して描画した場合には，バネのレイアウトになる.
- circular_layout(G)：点を円上に配置したレイアウト（円上レイアウト）の座標を返す.
- random_layout(G)：点を正方形内にランダムに配置したレイアウト（ランダム・レイアウト）の座標を返す.
- shell_layout(G,nlist)：点を同心円状に配置したレイアウト（同心円レイアウト）の座標を返す．nlist は点のリストのリストであり，各リストは同心円に含まれる点集合を表す.
- spectral_layout(G)：Laplace 行列（次数対角行列から隣接行列を減じたもの）の固有値を用いたレイアウト（スペクトル・レイアウト）の座標を返す.
- kamada_kawai_layout(G)：Kamada-Kawai による枝の重み（距離）を考慮したレイアウトの座標を返す.

  例として円上レイアウトでグラフを描画する.

```
G = nx.Graph()
G.add_edges_from([(1, 2), (1, 3), (2, 3), (1, 4), (1, 5)])
pos = nx.circular_layout(G)
nx.draw(G, pos=pos, edge_color="r", node_color="y", with_labels=True)
```

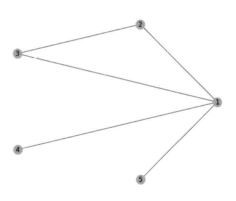

問題 129

以下のグラフ生成から好きなものを 3 つ生成し，描画せよ．

```
G = nx.cycle_graph(6)
G = nx.balanced_tree(2, 2)
G = nx.complete_graph(5)
G = nx.complete_bipartite_graph(3, 3)
G = nx.grid_2d_graph(3, 3)
G = nx.hypercube_graph(4)
G = nx.chvatal_graph()
G = nx.cubical_graph()
G = nx.octahedral_graph()
G = nx.dodecahedral_graph()
G = nx.icosahedral_graph()
G = nx.petersen_graph()
G = nx.truncated_cube_graph()
G = nx.truncated_tetrahedron_graph()
G = nx.tutte_graph()
G = nx.fast_gnp_random_graph(30, 0.1)
G = nx.random_geometric_graph(10, 0.2)
G = nx.bipartite.random_graph(10, 30, 0.3)
G = nx.bipartite.gnmk_random_graph(10, 30, 50)
```

また，各グラフを，円上レイアウト，バネのレイアウト，スペクトル・レイアウトのいずれかを 1 つずつ選び，描画せよ．

11.5 グラフに対する基本操作

ここではグラフに対する基本的な操作を紹介する．

• complement(G): 補グラフ （complement）を返す．ここで補グラフ $G = (V, E)$ のと

は, 点集合 V をもち, $(u, v) \notin E$ のときに u, v 間に枝をはったグラフである.

- reverse(G): 有向グラフの枝を逆にしたものを返す.

```
G = nx.Graph()
G.add_edges_from([(0, 1), (0, 2), (0, 3)])
pos = nx.spring_layout(G)
nx.draw(G, pos=pos, edge_color="y", with_labels=True)

C = nx.complement(G)
print(C.edges())
nx.draw(C, pos=pos, edge_color="r", with_labels=True)
```

```
[(1, 2), (1, 3), (2, 3)]
```

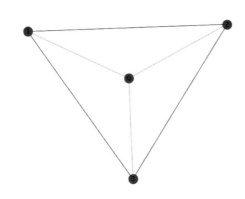

- compose(G, H): G と H の**和グラフ**(union graph)を返す. ただし G と H に共通部分があってもよい. ここで $G = (V_1, E_1)$ と $H = (V_2, E_2)$ の和グラフとは, 点集合 $V_1 \cup V_2$ と枝集合 $E_1 \cup E_2$ をもつグラフである.
- union(G, H): グラフ G と H の和グラフを返す. ただし G と H に共通部分があってはいけない(もし, 共通部分があった場合には例外を返す).
- intersection(G, H): 同じ点集合をもつグラフ G と H に対して, 両方に含まれている枝から成るグラフ(**交差グラフ**)を返す.
- difference(G, H): 同じ点集合をもつグラフ G と H に対して, G には含まれているが H には含まれていない枝から成るグラフ(**差グラフ**)を返す.
- symmetric_difference(G, H): 同じ点集合をもつグラフ G と H に対して, G または H に含まれており, かつ両者に含まれていない枝から成るグラフ(**対称差グラフ**)を返す.

```
G = nx.Graph()
G.add_edges_from([(0, 1), (0, 2), (0, 3)])
```

```
pos = nx.spring_layout(G)
nx.draw(G, pos=pos, edge_color="y", with_labels=True)
```

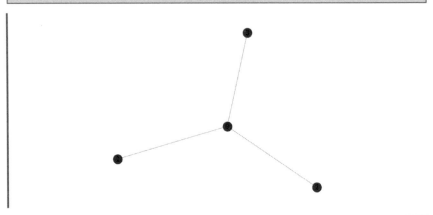

```
H = nx.cycle_graph(4)
nx.draw(H, pos=pos, edge_color="r", with_labels=True)
```

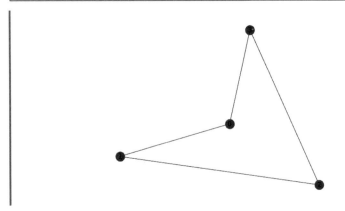

```
# C = nx.compose(G,H)
# C = nx.union(G,H)
# C = nx.intersection(G,H)
# C = nx.difference(G,H)
# C = nx.difference(H,G)
C = nx.symmetric_difference(G, H)
print(C.edges())
nx.draw(C, pos=pos, edge_color="g", with_labels=True)
```

```
[(0, 2), (1, 2), (2, 3)]
```

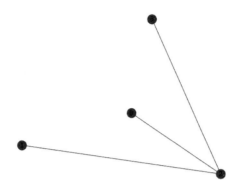

- cartesian_product(G, H): グラフ G と H に対する**直積**（Cartesian product）グラフを返す．ここで，グラフ $G = (V_1, E_1)$ と $H = (V_2, E_2)$ の直積グラフとは，点集合 $V_1 \times V_2 = \{(v_1, v_2)|v_1 \in V_1, v_2 \in V_2\}$（点集合 V_1, V_2 の直積）と，以下を満たす枝集合から構成されるグラフである．

  直積グラフの枝$((u, x), (v, y))$が存在

$$\Leftrightarrow \lceil x = y \text{ かつ} (u, v) \in E_1 \rfloor \text{ もしくは} \lceil u = v \text{ かつ} (x, y) \in E_2 \rfloor$$

- lexicographic_product(G, H): グラフ G と H に対する**辞書的積**（lexicographic product）グラフを返す．ここで，グラフ $G = (V_1, E_1)$ と $H = (V_2, E_2)$ の辞書的積グラフとは，点集合 $V_1 \times V_2$ と，以下を満たす枝集合から構成されるグラフである．

  辞書的積グラフの枝$((u, x), (v, y))$が存在

$$\Leftrightarrow \lceil (u, v) \in E_1 \rfloor \text{ もしくは} \lceil u = v \text{ かつ} (x, y) \in E_2 \rfloor$$

- tensor_product(G, H): グラフ G と H に対する**テンソル積**（tensor product）グラフを返す．ここで，グラフ $G = (V_1, E_1)$ と $H = (V_2, E_2)$ のテンソル積グラフとは，点集合 $V_1 \times V_2$ と，以下を満たす枝集合から構成されるグラフである．

  テンソル積グラフの枝$((u, x), (v, y))$が存在

$$\Leftrightarrow \lceil (u, v) \in E_1 \text{ かつ} (x, y) \in E_2 \rfloor$$

- strong_product(G, H): グラフ G と H に対する**強積**（strong product）グラフを返す．ここで，グラフ $G = (V_1, E_1)$ と $H = (V_2, E_2)$ の強積グラフとは，点集合 $V_1 \times V_2$ と，以下を満たす枝集合から構成されるグラフである．

  強積グラフの枝$((u, x), (v, y))$が存在

$$\Leftrightarrow \lceil ((u, x), (v, y)) \text{ が直積グラフの枝もしくはテンソル積グラフの枝} \rfloor$$

以下の例では，グラフ G が商品 0, 1, 2 の関連，グラフ H が店舗 A, B, C 間の競合を

表すものとする.

直積グラフの点は，各店舗で売られている各商品を表しており，同じ店で販売されている関連する商品，もしくは競合する店で販売されている同じ商品に対して枝がはられていると解釈できる.

```
G = nx.Graph()
H = nx.Graph()
G.add_edges_from([(0, 1), (0, 2)])
H.add_edges_from([("A", "B"), ("A", "C")])
Product = nx.cartesian_product(G, H)
nx.draw(Product, with_labels=True, node_size=1000, node_color="y")
```

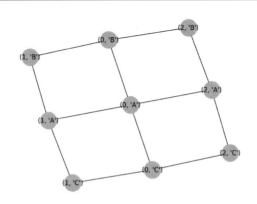

問題 130

上の例題に対して辞書的積，テンソル積，強積を計算し，描画せよ．それぞれ，どのような意味をもつか考察せよ.

11.6 マッチングと Euler 閉路

以下のサイト（もしく本）を参照されたい.

- マッチング：Python による実務で役立つ最適化問題 100+ (2) —割当・施設配置・在庫最適化・巡回セールスマン— 13 章

  https://scmopt.github.io/opt100/30matching.html

- Euler 閉路：Python による実務で役立つ最適化問題 100+ (3) —配送計画・パッキング・スケジューリング— 24 章

  https://scmopt.github.io/opt100/64euler.html

問題 131（マッチングと Euler 閉路）

以下のグラフは奇数の次数をもつ点があるので，Euler 閉路（すべての枝をちょうど

1 回通過する閉路: すべての点の次数が偶数であるのが，Euler 閉路をもつための必要
十分条件である）をもたない．奇数の次数をもつ点集合に対して，点間の最短距離を
計算し，最小距離のマッチング（点の次数が 1 以下の部分グラフ）を求めよ．マッチ
ングに含まれる枝をもとのグラフに加えると Euler 閉路をもつようになる（なぜか？
理由を考えよ）．マッチングを加えたグラフに対する Euler 閉路を求めよ．

```
G = nx.grid_2d_graph(3, 4)
nx.draw(G)
```

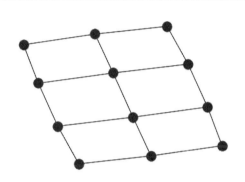

11.7 最小木

最小木問題については，以下のサイト（もしく本）を参照されたい．

• Python による実務で役立つ最適化問題 100+ (1) —グラフ理論と組合せ最適化への招
待— 第 4 章

https://scmopt.github.io/opt100/05mst.html

問題 132 （最小木）

1) 5 × 5 の格子グラフ（枝の重みはすべて 1）の最小木（枝の重みの合計が最小の
閉路を含まない連結グラフ）を求めよ．

2) 5 × 5 の格子グラフの枝の重みをランダムに設定した上で，最小木を求め，最小
木に含まれる枝を異なる色で描画せよ．

3) 枝上に距離が定義された無向グラフ $G = (V, E)$ を考える．このグラフの点集合
V を k 個に分割したとき，分割に含まれる点同士の最短距離を最大化するよう
にしたい．これは最小木に含まれる枝を距離の大きい順に $k - 1$ 本除くことに
よって得ることができる．ランダムに距離を設定した 5 × 5 の格子グラフに対
して $k = 5$ の分割を求めよ．

11.8 最短路

最短路問題の詳細については，以下のサイト（もしくは本）を参照されたい．

- Python による実務で役立つ最適化問題 100+ (1) —グラフ理論と組合せ最適化への招待— 第 2 章

https://scmopt.github.io/opt100/03sp.html

簡単な通勤（通学）の例を示そう．

八千代緑が丘から越中島までの電車による経路を求めたい．枝ごとの移動時間と移動費用を入力して，最短時間パスと最小費用パスを求めよ．乗り換えの待ち時間は無視してよいが，徒歩の時間は考慮せよ．

```
G = nx.Graph()
G.add_edge("八千代緑が丘", "西船橋", weight=15, cost=490)
G.add_edge("西船橋", "門前仲町", weight=20, cost=230)
G.add_edge("門前仲町", "越中島", weight=10, cost=0)
G.add_edge("西船橋", "越中島", weight=24, cost=380)

path = nx.dijkstra_path(G, "八千代緑が丘", "越中島")
print("最短時間パス", path)

path = nx.dijkstra_path(G, "八千代緑が丘", "越中島", weight="cost")
print("最小費用パス", path)
```

```
最短時間パス ['八千代緑が丘', '西船橋', '越中島']
最小費用パス ['八千代緑が丘', '西船橋', '門前仲町', '越中島']
```

問題 133

自宅から大学（もしくは職場）までの最短時間と最小費用のパスを求めるためのネットワークを作成し，最短時間パスと最小費用パスを求めよ．ただし大学（職場）から徒歩圏の場合は，親戚の家からのパスを求めよ．

問題 134

3×3 の格子グラフを生成するプログラムを作成し，枝の重みをランダムに設定した上で，左上の点から右下の点までの最短路を求め，最短路を異なる色で描画せよ．

問題 135 （PERT）

あなたは航空機会社のコンサルタントだ．あなたの仕事は，着陸した航空機をなるべく早く離陸させるためのスケジュールをたてることだ．航空機は，再び離陸する前に幾つかの作業をこなさなければならない．まず，乗客と荷物を降ろし，次に機内の掃除をし，最後に新しい乗客を搭乗させ，新しい荷物を積み込む．当然のことである

が，乗客を降ろす前に掃除はできず，掃除をした後でないと新しい乗客を入れることはできず，荷物をすべて降ろし終わった後でないと，新しい荷物は積み込むことができない．また，この航空機会社では，乗客用のゲートの都合で，荷物を降ろし終わった後でないと新しい乗客を搭乗させることができないのだ．

作業時間は，乗客降ろし 13 分，荷物降ろし 25 分，機内清掃 15 分，新しい乗客の搭乗 27 分，新しい荷物積み込み 22 分とする．さて，最短で何分で離陸できるだろうか？

（ヒント：最短離陸時間を出すにはグラフの最長路を求める必要がある．枝の重みを負にして最短路を解けば良い．枝の重みが負なので，Dijkstra 法でなく Bellman-Ford 法を使う）

11.9 フロー問題

以下のサイト（もしく本）を参照されたい．
- 最大流問題：Python による実務で役立つ最適化問題 100+ (1) —グラフ理論と組合せ最適化への招待— 第 8 章

  https://scmopt.github.io/opt100/10maxflow.html
- 割当問題：Python による実務で役立つ最適化問題 100+ (2) —割当・施設配置・在庫最適化・巡回セールスマン— 14 章

  https://scmopt.github.io/opt100/33ap.html
- 最小費用流問題：Python による実務で役立つ最適化問題 100+ (1) —グラフ理論と組合せ最適化への招待— 第 7 章

  https://scmopt.github.io/opt100/09mcf.html

■11.9.1 例題：最大流問題

ランダムな 2 部グラフを作成し，最大マッチングを**最大流問題**（maximum flow problem）を解くことによって求めよ．

ここで最大流問題とは，以下に定義される問題である．

n 個の点から構成される点集合 V および m 本の枝から構成される枝集合 E，有向グラフ $G = (V, E)$，枝上に定義される非負の容量関数 $C : E \to R_+$，始点 $s \in V$ および終点 $t \in V$ が与えられたとき，始点 s から終点 t までの「フロー」で，その量が最大になるものを求めよ．

ここで**フロー**（flow）とは枝上に定義された実数値関数 $x : E \to R$ で，以下の性質を満たすものを指す．
- フロー整合条件:

$$\sum_{v:vu \in E} x_{vu} - \sum_{v:uv \in E} x_{uv} = 0 \quad \forall u \in V \setminus \{s, t\}$$

• 容量制約と非負制約:

$$0 \le x_e \le C_e \quad \forall e \in E$$

ダミーの始点と終点を追加することによって，最大流問題に帰着する.

```
# ランダムな2部グラフの生成例
BG = nx.bipartite.random_graph(10, 5, 0.5)
top = nx.bipartite.sets(BG)[0]
other = nx.bipartite.sets(BG)[1]
pos = nx.bipartite_layout(BG, top)
nx.draw(BG, pos=pos)
```

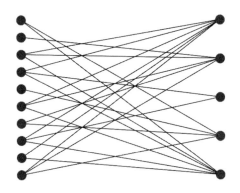

```
G = nx.DiGraph()
G.add_nodes_from(["source","sink"])
G.add_edges_from([ ("source",j) for j in top])
G.add_edges_from([ (i, "sink") for i in other])
G.add_edges_from(BG.edges())
for (i,j) in G.edges():
    G[i][j]["capacity"] = 1
value, flow = nx.maximum_flow(G, _s="source", _t="sink")
print("value=",value)
print(flow)
```

```
value= 5
{'source': {0: 0, 1: 0, 2: 0, 3: 1, 4: 0, 5: 1, 6: 1, 7: 1, 8: 0, 9: 1}, 'sink': ↩
{}, 0: {11: 0, 13: 0, 14: 0}, 1: {10: 0, 14: 0}, 2: {10: 0, 12: 0, 14: 0}, 3: {11: ↩
0, 13: 1}, 4: {10: 0, 13: 0, 14: 0}, 5: {11: 1}, 6: {10: 0, 12: 1, 14: 0}, 7: {10: ↩
0, 13: 0, 14: 1}, 8: {13: 0}, 9: {10: 1, 11: 0}, 10: {'sink': 1}, 11: {'sink': 1}, ↩
12: {'sink': 1}, 13: {'sink': 1}, 14: {'sink': 1}}
```

■ **11.9.2 例題：割当問題**

4人の作業員 A, B, C, D を4つの仕事 $0, 1, 2, 3$ を1つずつ割り当てることを考える.
作業員が仕事を割り当てられたときにかかる費用が，以下のようになっているとき，
最小費用の割当を求めよ.

	0	1	2	3
A	25	20	30	27
B	17	15	12	16
C	25	21	23	19
D	16	26	21	22

この問題は，**最小費用流問題**（minimum cost flow problem）に帰着できる.

最小費用流問題は，以下のように定義される問題である.

有向グラフ $G = (V, E)$，枝上に定義される重み（費用）関数 $w : E \to R$，枝上に定義される非負の容量関数 $C : E \to R_+ \cup \{\infty\}$，点上に定義される流出量関数 $b : V \to R$ が与えられたとき，「実行可能フロー」で，費用の合計が最小になるものを求めよ. ただし，$\sum_{v \in V} b_v = 0$ を満たすものとする.

作業員を表す点から仕事を表す点へ1単位のフローを最小費用で流すことによって求解する.

```
cost = [[25,20,30,27],
        [17,15,12,16],
        [25,21,23,19],
        [16,26,21,22]]
G = nx.DiGraph()
n = len(cost)
for i in range(n):
    G.add_node(i, demand=-1)
    G.add_node(n+i, demand=1)
G.add_weighted_edges_from([(i,n+j,cost[i][j]) for i in range(n) for j in range(n)])
val, flow = nx.algorithms.flow.network_simplex(G)
print(val,flow)
```

```
67 {0: {4: 0, 5: 1, 6: 0, 7: 0}, 4: {}, 1: {4: 0, 5: 0, 6: 1, 7: 0}, 5: {}, 2: {4: ↵
0, 5: 0, 6: 0, 7: 1}, 6: {}, 3: {4: 1, 5: 0, 6: 0, 7: 0}, 7: {}}
```

問題 136（輸送問題）

あなたは，スポーツ用品販売チェインのオーナーだ. あなたは，店舗展開をしている5つの顧客（需要地点）に対して，3つの自社工場で生産した製品を運ぶ必要がある. 調査の結果，工場での生産可能量（容量），顧客への輸送費用，ならびに各顧客における需要量は，以下のようになっていることが分かった. さて，どのような輸送経路を選択すれば，総費用が最小になるであろうか？

顧客の需要量，工場から顧客までの輸送費用，ならびに工場の生産容量：

顧客	1	2	3	4	5	
需要量	80	270	250	160	180	
工場	輸送費用					容量
1	4	5	6	8	10	500
2	6	4	3	5	8	500
3	9	7	4	3	4	500

（ヒント：最小費用流問題においては，需要（供給は負の需要とみなす）の合計が 0 でなくてはいけない．仮想の点を追加することによって，最小費用流問題に帰着せよ）

問題 137　（多期間生産計画問題）

1 つの製品の生産をしている工場を考える．在庫費用は 1 日あたり，1 トンあたり 1 万円とする．いま 7 日先までの需要が分かっていて，7 日分の生産量と在庫量を決定したい．各日の需要は，以下の表のようになっている．工場の 1 日の稼働時間は 8 時間，製品 1 トンあたりの製造時間は 1 時間としたとき，稼働時間上限を満たした最小費用の生産・在庫量を決定せよ．

日	1	2	3	4	5	6	7
需要量	5	7	8	2	9	1	3

問題 138　（下限制約）

以下の図に示す最小費用流問題を考える．枝上の数値は「単位フローあたりの費用（容量）」であり，点 0 から点 4 に 10 単位のものを最小費用で流したい．

ただし，点 2 から点 3 へ向かう枝のフロー量が 4 以上でなければならないものとする．

このフロー量の下限制約を取り除くことを考える．下限 4 を超過した量を新たなフロー量として x'_{23} と記す．元のフロー量 x_{23} とは $x_{23} = 4 + x'_{23}$ の関係がある．変数 x_{23} を x'_{23} に置き換えることによって，点 2 におけるフロー整合条件から点 2 の需要量は 4 増え，点 3 におけるフロー整合条件から点 3 の需要量は 4 減る．また，枝 $(2,3)$ の容量（フロー量上限）は，$1(= 5 - 4)$ に変更される．

この観察を用いて，下限制約付きの最小費用流を求めよ．

問題 139　（ナプキンのクリーニング）（難）

あなたはホテルの宴会係だ．あなたは 1 週間に使用するナプキンを手配する必要がある．各日の綺麗なナプキンの需要量は平日は 100 枚，土曜日と日曜日は 125 枚だ．新しいナプキンを購入するには 100 円かかる．使用したナプキンはクリーニング店で洗濯して綺麗なナプキンにすることができるが，早いクリーニング店だと 1 日で 1 枚

あたり 30 円かかり，遅いクリーニング店だと 2 日で 1 枚あたり 10 円かかる．月曜の朝のナプキンの在庫が 0 としたとき，需要を満たす最適なナプキンの購入ならびにクリーニング計画をたてよ（ヒント：この問題は下限付きの最小費用流問題に帰着できる）．

さらに，上のナプキンのクリーニング問題において，日曜末の在庫を月曜の朝に使うことができると仮定したときの最適なナプキンのクリーニング計画をたてよ．

11.10 最大安定集合問題と最大クリーク問題

最大安定集合問題（maximum stable set problem）は，以下のように定義される問題である．

点数 n の無向グラフ $G = (V, E)$ が与えられたとき，点の部分集合 $S(\subseteq V)$ は，すべての S 内の点の間に枝がないとき**安定集合**（stable set）とよばれる．最大安定集合問題とは，集合に含まれる要素数（位数）$|S|$ が最大になる安定集合 S を求める問題である．

この問題のグラフの補グラフ（枝の有無を反転させたグラフ）を考えると，以下に定義される**最大クリーク問題**（maximum clique problem）になる．

無向グラフ $G = (V, E)$ が与えられたとき，点の部分集合 $C(\subseteq V)$ は，C によって導かれた誘導部分グラフが完全グラフになるとき**クリーク**（clique）とよばれる（完全グラフとは，すべての点の間に枝があるグラフである）．最大クリーク問題とは，位数 $|C|$ が最大になるクリーク C を求める問題である．

これらの 2 つの問題は（お互いに簡単な変換によって帰着されるという意味で）同値である．

最大安定集合問題と最大クリーク問題の詳細については，以下のサイト（もしくは本）を参照されたい．

• Python による実務で役立つ最適化問題 100+ (1) —グラフ理論と組合せ最適化への招待— 第 11 章

https://scmopt.github.io/opt100/18clique.html

問題 140（8-クイーン問題）

8×8 のチェス盤に 8 個のクイーンを置くことを考える．チェスのクイーンとは，将棋の飛車と角の両方の動きができる最強の駒である．クイーンがお互いに取り合わないように置く配置を 1 つ求めよ．

将棋を知らない人のために言い換えると，8×8 のマス目に，同じ行（列）には高々 1 つのクイーンを置き，左下（右下）斜めにも高々 1 つのクイーンを置くような配置を求める問題である（ヒント：実は，この問題は安定集合問題の特殊形である．グラフは i

行, j 列のマス目を点とみなして, クイーンが取り合うとき点の間に枝をはれば良い).

　ちなみに斜めでクイーンが取り合うかどうかを判定するのは, $i-j$ が同じ (右下の斜め) か $i+j$ が同じか (左下の斜め) で判定すれば良い.

12 PuLP と Gurobi/Python による最適化問題のモデリング

- 線形最適化と混合整数最適化のモデリングのコツについて述べる.

ここでは，数理最適化のモデリングについて学ぶ.

- 線形最適化
  - 線形最適化
  - 簡単な例題と双対問題
  - 輸送問題，多品種輸送問題
  - 栄養問題
- AMPL によるモデル化
- 混合整数最適化問題
  - 簡単な例題（パズル）
  - 多制約ナップサック問題
- モデリングのコツ
  - 最大値の最小化
  - 絶対値
  - 離接制約
  - if A then B 条件
- 機械学習と数理最適化の融合

12.1 数理最適化ソルバーとモデラー

以下の数理最適化ソルバー（モデラー，モデリング言語）を用いる.

- 数理最適化ソルバー Gurobi（商用，アカデミックフリー）https://www.gurobi.com/
  - 独自の Python インターフェイス（『あたらしい数理最適化』（近代科学社）で採用）

- – 凸 2 次（制約）整数，2 次錐最適化，非凸 2 次に対応している.
- 数理最適化モデラー PuLP（MIT ライセンス）https://coin-or.github.io/pulp/
  - – メインソルバーは CBC（COIN Branch & Cut; EPL ライセンス）であり，混合整数最適化問題に対応している.
  - – ここでは，Gurobi と同じインターフェイスをもつラッパーである **mypulp** パッケージを使う.
  - – CBC より高速なソルバーに SCIP https://www.scipopt.org/ がある.
- 最適化モデリング言語 AMPL
  - – 無料版（Community Edition）が https://ampl.com/ce/ でユーザー登録することによって使える.
  - – SCIP を含む無料のソルバーや Gurobi を商用のソルバーのデモ版が同時にインストールされる.
  - – 非線形最適化ソルバーも呼び出すことができる.

練習問題を解くためには，商用の Gurobi のライセンスをとるか，mypulp を以下の方法でインストールしておく必要がある.

```
!pip install mypulp
```

12.2 線形最適化問題

■ 12.2.1　線形最適化問題の一般形
線形最適化問題の一般形は以下のように書ける.

$$
\begin{aligned}
minimize \quad & c^T x \\
s.t. \quad & Ax \le b \\
& x \in \mathbf{R}^n
\end{aligned}
$$

ここで，x は変数を表す n 次元実数ベクトル，A は制約の左辺係数を表す $m \times n$ 行列，c は目的関数の係数を表す n 次元ベクトル，b は制約式の右辺定数を表す m 次元ベクトルである.

■ 12.2.2　実際問題を解く際の注意
整数や非線形関数を含まない線形最適化問題は，比較的簡単に解くことができるが，大規模な実際問題を解決する際には，以下のような注意が必要である.

1) 数値の桁数を不用意に大きくしない．例えば，数百億円規模の最適化問題において，小数点以下の桁数が非常に多い問題例においては，線形最適化でも非常に時間がかかることがある．必要最小限の桁数に丸め，目的関数値は10万（6桁）程度に設定すると，計算が安定する．

2) 問題の疎性を考慮する．例えば，複数製品を工場から倉庫，倉庫から顧客まで運ぶサプライ・チェインの最適化を考える．固定費用を考えない場合には，線形最適化問題に帰着されるが，問題例の規模によっては解けないこともある．そういう場合には，工場で生産できない製品や，顧客需要のない製品に対しては経路からあらかじめ除外してネットワークを生成すると劇的に速度が改善されることがある．また，輸送費用が変わらない顧客を集約したり，製品のABC分析を行い，需要の小さい製品はとりあえず除外するか，集約して扱うことも推奨される．

3) 実行不可能にならないように注意する．実際問題では，ユーザーは無理な注文をしがちだ．それをそのまま真に受けて定式化すると実行不可能になることがある．数理最適化ソルバーは，制約を満たす解が存在しないしないことを示してくれるが，どの制約のせいで解がないのかまでは示してくれない．Gurobiには，Irreducible Inconsistent Subsystem（IIS）を計算してくれるメソッドが準備されているが，定式化を行う際に，主要な制約の逸脱を許してソフト制約にしておくことを推奨する．また，全ての費用を合計した1つの目的関数を設定するのではなく，輸送費用，配送費用，倉庫費用など小分けにして計算して変数に保存しておき，最後にそれを合計したものを最適化すると，あとで個別の費用を計算する手間が省ける．

■ 12.2.3 簡単な例題

簡単な例題で線形最適化問題を説明する．

トンコケ，コケトン，ミックスの丼を販売している．各丼の販売数を変数とし，トンコケ丼 x_1，コケトン丼 x_2，ミックス丼 x_3 とする．3種類の肉（順に豚肉，鶏肉，牛肉）の資源制約の下で，利益を最大化する問題は，以下の線形最適化問題になる．

$$
\begin{array}{llll}
maximize & 15x_1 & +18x_2 & +30x_3 & \\
s.t. & 2x_1 & +x_2 & +x_3 & \leq & 60 \\
& x_1 & +2x_2 & +x_3 & \leq & 60 \\
& & & x_3 & \leq & 30 \\
& & & x_1, x_2, x_3 & \geq & 0
\end{array}
$$

これをPythonを用いて解く．

```
from gurobipy import GRB, Model, quicksum, multidict, tuplelist
#from mypulp import GRB, Model, quicksum, multidict, tuplelist #⏎
    mypulpを使う場合はここを生かす

model = Model() #モデルインスタンスの生成

x1 = model.addVar(name="x1")            #トンコケ丼の変数（既定値は非負の実数）
x2 = model.addVar(name="x2")            #コケトン丼の変数
x3 = model.addVar(ub=30.0, name="x3") #ミックス丼の変数（牛肉の上限をub引数で指定）

model.update()  # Gurobiの怠惰な更新（lazy update）という仕様（忘れずに！）

model.addConstr(2 * x1 + x2 + x3 <= 60) #豚肉の制約を追加
model.addConstr(x1 + 2 * x2 + x3 <= 60) #鶏肉の制約
model.setObjective(15 * x1 + 18 * x2 + 30 * x3, GRB.MAXIMIZE) #目的関数（利益の最大化）

# SCIPを使用したい場合
# import pulp
# solver = pulp.SCIP()
# model.optimize(solver)

model.optimize() #最適化

if model.Status == GRB.Status.OPTIMAL: #Status属性で最適解が得られたことを確認
    print("Opt. Value=", model.ObjVal) #最適値はObjVal属性
    for v in model.getVars():           #getVars()メソッドで変数を得る
        print(v.VarName, v.X)           #変数名は VarName 属性，最適解は X 属性
```

```
Gurobi Optimizer version 9.5.2 build v9.5.2rc0 (mac64[x86])
Thread count: 8 physical cores, 16 logical processors, using up to 16 threads
Optimize a model with 2 rows, 3 columns and 6 nonzeros
Model fingerprint: 0x1da73bc0
Coefficient statistics:
  Matrix range     [1e+00, 2e+00]
  Objective range  [2e+01, 3e+01]
  Bounds range     [3e+01, 3e+01]
  RHS range        [6e+01, 6e+01]
Presolve time: 0.00s
Presolved: 2 rows, 3 columns, 6 nonzeros

Iteration    Objective       Primal Inf.    Dual Inf.      Time
       0    3.3000000e+31   3.000000e+30   3.300000e+01     0s
       3    1.2300000e+03   0.000000e+00   0.000000e+00     0s

Solved in 3 iterations and 0.01 seconds (0.00 work units)
Optimal objective  1.230000000e+03
Opt. Value= 1230.0
x1 10.0
```

```
x2 10.0
x3 30.0
```

■ 12.2.4 モデルファイルの出力

- model.write("ファイル名.lp") で **LP フォーマット** （Linear Programming (LP) format） で保存

- model.write("ファイル名.mps") で **MPS フォーマット** （Mathematical Programming System (MPS) format） で保存
  - 可読性はないが，ほとんどの最適化ソルバーが対応している古典的な書式

PuLP（mypulp）だと print(model) でも画面に LP フォーマットを出力する．また， 制約オブジェクトを print すると，展開した式を確認することができる．

Gurobi での制約オブジェクトの展開式（線形表現）は， model.getRow（制約オブジェクト）で得ることができる．

```
model.write("lo1.lp")
model.write("lo1.mps")
print("LP file =====================")
!cat lo1.lp
print("MPS file ====================")
!cat lo1.mps
```

```
LP file =====================
\* lo1 *\
Maximize
OBJ: 15 x1 + 18 x2 + 30 x3
Subject To
c_1: 2 x1 + x2 + x3 <= 60
c_2: x1 + 2 x2 + x3 <= 60
Bounds
 x1 <= 1e+100
 x2 <= 1e+100
 x3 <= 30
End
MPS file ====================
*SENSE:Maximize
NAME            lo1
ROWS
 N  OBJ
 L  c_1
 L  c_2
COLUMNS
    x1         c_1        2.000000000000e+00
    x1         c_2        1.000000000000e+00
    x1         OBJ        1.500000000000e+01
```

```
    x2      c_1      1.000000000000e+00
    x2      c_2      2.000000000000e+00
    x2      OBJ      1.800000000000e+01
    x3      c_1      1.000000000000e+00
    x3      c_2      1.000000000000e+00
    x3      OBJ      3.000000000000e+01
RHS
    RHS     c_1      6.000000000000e+01
    RHS     c_2      6.000000000000e+01
BOUNDS
 UP BND     x1       1.000000000000e+100
 UP BND     x2       1.000000000000e+100
 UP BND     x3       3.000000000000e+01
ENDATA
```

```
print(model)
#print(con)   #mypulpの場合
print(model.getRow(con)) #Gurobiの場合
```

```
<gurobi.Model Continuous instance lo1: 2 constrs, 3 vars, No parameter changes>
<gurobi.LinExpr: x1 + 2.0 x2 + x3>
```

12.3 例題: 双対問題

上の線形最適化問題において，資源（豚肉，鶏肉，牛肉）の価値を推定したい．
これは，先程の定式化を主問題としたときの双対問題を解けば良い.
主問題

$$
\begin{array}{lrrrcr}
maximize & 15x_1 & +18x_2 & +30x_3 & & \\
s.t. & 2x_1 & +x_2 & +x_3 & \leq & 60 \\
 & x_1 & +2x_2 & +x_3 & \leq & 60 \\
 & & & x_3 & \leq & 30 \\
 & & & x_1, x_2, x_3 & \geq & 0
\end{array}
$$

双対問題

$$
\begin{array}{lrrrcr}
minimize & 60\pi_1 & +60\pi_2 & +30\pi_3 & & \\
s.t. & 2\pi_1 & +\pi_2 & & \geq & 15 \\
 & \pi_1 & +2\pi_2 & & \geq & 18 \\
 & \pi_1 & +\pi_2 & +\pi_3 & \geq & 30 \\
 & & & \pi_1, \pi_2, \pi_3 & \geq & 0
\end{array}
$$

実は，主問題を解けば双対問題の最適解も同時に得ることができる．制約オブジェクトの Pi 属性に最適双対変数が入っている．

```
model = Model()

x1 = model.addVar(name="x1")
x2 = model.addVar(name="x2")
x3 = model.addVar(name="x3")

model.update()

c1 = model.addConstr(2 * x1 + x2 + x3 <= 60) #制約オブジェクトを保管
c2 = model.addConstr(x1 + 2 * x2 + x3 <= 60)
c3 = model.addConstr(x3 <=30)
model.setObjective(15 * x1 + 18 * x2 + 30 * x3, GRB.MAXIMIZE)

model.optimize()

print("Opt. Value=", model.ObjVal)
for v in model.getVars():
    print(v.VarName, v.X)
```

```
... （略）...

Solved in 2 iterations and 0.01 seconds (0.00 work units)
Optimal objective  1.230000000e+03
Opt. Value= 1230.0
x1 10.0
x2 10.0
x3 30.0
```

```
print("豚肉=", c1.Pi, "鶏肉=", c2.Pi, "牛肉=", c3.Pi)
```

```
豚肉= 4.0 鶏肉= 7.0 牛肉= 19.0
```

12.4 一般的な定式化の記述法

■ 12.4.1 quicksum

実際の定式化では，多くの変数と制約を記述する必要がある．

たとえば，以下のような制約の一部（線形表現とよぶ）を定義したいとしよう．

$$\sum_{i=1}^{3} a_i x_i$$

これは **quicksum** 関数を用いて以下のように記述できる．構文は Python の組み込み関数である sum と同じだが，Guribi では quicksum を用いた方が高速に式を処理できる．

```
# quicksum の使用法
model = Model()
a = [5, 4, 2]
x = [model.addVar(name=f"x({i})") for i in range(3)]
L = quicksum(a[i] * x[i] for i in range(3))
model.update()
print(L)
```

<gurobi.LinExpr: 5.0 x(0) + 4.0 x(1) + 2.0 x(2)>

■ 12.4.2   multidict

実際問題においては，定式化に必要なパラメータも膨大な数になる．

例として，3 人の子供の身長と体重が，名前をキー，身長と体重のリストを値とした辞書に保管されているとしよう．最適化の定式化のためには，子供の名前のリスト，身長を返す辞書，体重を返す辞書が欲しい．

これは，**multidict** 関数で一度に生成できる．

```
# multidict の使用法
name, height, weight = multidict(
    {"Taro": [145, 30], "Hanako": [138, 34], "Simon": [150, 45]}
)
print(name)
print(height)
print(weight)
```

```
['Taro', 'Hanako', 'Simon']
{'Taro': 145, 'Hanako': 138, 'Simon': 150}
{'Taro': 30, 'Hanako': 34, 'Simon': 45}
```


■ 12.4.3   tuplelist

実際問題は，疎な関係を効率的に表現する必要がある．

たとえば，4 人の子供と一番好きな果物の関係を表現したい．子供と好きな果物の組（Python ではタプル）のリストとしてデータがあるとしたとき，ある特定の果物を好きな子供だけを選択したい．

これは **tuplelist** クラスを用いると簡単にできる．tuplelist を生成したあとに，select メソッドの引数に "*" を入れると，任意の要素とみなされ，マッチしたタプルだけを返す．

以下の例では，Apple を好きな子供を選択する．

```
# tuplelist の使用法
T = tuplelist(
    [("Sara", "Apple"), ("Taro", "Pear"), ("Jiro", "Orange"), ("Simon", "Apple")]
)
print(T.select("*", "Apple"))
```

```
<gurobi.tuplelist (2 tuples, 2 values each):
 ( Sara  , Apple )
 ( Simon , Apple )
>
```

12.5 例題：多品種輸送問題

上で導入した quicksum, multidict, tuplelist の使用例として，以下の多品種輸送問題を考える．

製品（品種）の集合を K とする．工場 j から顧客 i に製品 k が輸送される量を表す連続変数を x_{ijk} とする．顧客 i における製品 k の需要量を d_{ik}，工場 j の生産量上限（容量）を M_j，顧客 i と工場 j 間に製品 k の 1 単位の需要が移動するときにかかる輸送費用を c_{ijk} とする．

上の記号を用いると，多品種輸送問題は以下のように定式化できる．

$$
\begin{aligned}
minimize \quad & \sum_{i \in I} \sum_{j \in J} \sum_{k \in K} c_{ijk} x_{ijk} \\
s.t. \quad & \sum_{j \in J} x_{ijk} = d_{ik} && \forall i \in I; k \in K \\
& \sum_{i \in I} \sum_{k \in K} x_{ijk} \leq M_j && \forall j \in J \\
& x_{ijk} \geq 0 && \forall i \in I; j \in J; k \in K
\end{aligned}
$$

最初の制約は，各製品ごとに需要が満たされることを表し，2 番目の制約は，工場で生産されるすべての製品の合計量が，工場の容量を超えないことを表す．

現実的には，すべての工場ですべての製品が製造可能ではない．工場 1 では製品 2, 4 を，工場 2 では製品 1, 2, 3 を，工場 3 では製品 2, 3, 4 を製造可能とする．

定式化は製品が輸送可能な経路だけを考えて，制約を作る必要がある．これは tuplelist を使うと綺麗に書ける．

```
#需要量
d = {
    (1, 1): 80,
    (1, 2): 85,
```

```
      (1, 3): 300,
      (1, 4): 6,
      (2, 1): 270,
      (2, 2): 160,
      (2, 3): 400,
      (2, 4): 7,
      (3, 1): 250,
      (3, 2): 130,
      (3, 3): 350,
      (3, 4): 4,
      (4, 1): 160,
      (4, 2): 60,
      (4, 3): 200,
      (4, 4): 3,
      (5, 1): 180,
      (5, 2): 40,
      (5, 3): 150,
      (5, 4): 5,
}

I = set([i for (i, k) in d]) #顧客の集合
K = set([k for (i, k) in d]) #製品の集合
J, M = multidict({1: 3000, 2: 3000, 3: 3000})  #工場の容量
produce = {
     1: [2, 4],
     2: [1, 2, 3],
     3: [2, 3, 4],
} # 工場1では製品2,4を，工場2では製品1,2,3を，工場3では製品2,3,4を製造可能
weight = {1: 5, 2: 2, 3: 3, 4: 4}  # 製品の重量

cost = {
     (1, 1): 4,
     (1, 2): 6,
     (1, 3): 9,   # 地点間の輸送費用（これに製品の重量を乗じたものを輸送費用とする）
     (2, 1): 5,
     (2, 2): 4,
     (2, 3): 7,
     (3, 1): 6,
     (3, 2): 3,
     (3, 3): 4,
     (4, 1): 8,
     (4, 2): 5,
     (4, 3): 3,
     (5, 1): 10,
     (5, 2): 8,
     (5, 3): 4,
}

c = {}
```

```
for i in I:
    for j in J:
        for k in produce[j]:
            c[i, j, k] = cost[i, j] * weight[k]

model = Model("multi-commodity transportation")

x = {}
for (i, j, k) in c:
    x[i, j, k] = model.addVar(vtype="C", name=f"x({i},{j},{k})")
model.update()
arcs = tuplelist([(i, j, k) for (i, j, k) in x])
for i in I:
    for k in K:
        model.addConstr(
            quicksum(x[i, j, k] for (i, j, k) in arcs.select(i, "*", k)) == d[i, k↵
    ],
            f"Demand({i},{k})",
        )
for j in J:
    model.addConstr(
        quicksum(x[i, j, k] for (i, j, k) in arcs.select("*", j, "*")) <= M[j],
        f"Capacity({j})",
    )

model.setObjective(quicksum(c[i, j, k] * x[i, j, k] for (i, j, k) in x), GRB.↵
    MINIMIZE)
model.optimize()
print("Optimal value:", model.ObjVal)

EPS = 1.0e-6
for (i, j, k) in x:
    if x[i, j, k].X > EPS:
        print(f"{x[i,j,k].X} units of commodity {k} from {j} to {i}")
```

```
... (略) ...

Solved in 0 iterations and 0.01 seconds (0.00 work units)
Optimal objective  4.353600000e+04
Optimal value: 43536.0
85.0 units of commodity 2 from 1 to 1
6.0 units of commodity 4 from 1 to 1
80.0 units of commodity 1 from 2 to 1
300.0 units of commodity 3 from 2 to 1
7.0 units of commodity 4 from 1 to 2
270.0 units of commodity 1 from 2 to 2
160.0 units of commodity 2 from 2 to 2
400.0 units of commodity 3 from 2 to 2
```

```
250.0 units of commodity 1 from 2 to 3
130.0 units of commodity 2 from 2 to 3
350.0 units of commodity 3 from 2 to 3
4.0 units of commodity 4 from 3 to 3
160.0 units of commodity 1 from 2 to 4
60.0 units of commodity 2 from 3 to 4
200.0 units of commodity 3 from 3 to 4
3.0 units of commodity 4 from 3 to 4
180.0 units of commodity 1 from 2 to 5
40.0 units of commodity 2 from 3 to 5
150.0 units of commodity 3 from 3 to 5
5.0 units of commodity 4 from 3 to 5
```

```
# arc (1,1) を通る品種
arcs.select(1, 1, "*")
```

```
<gurobi.tuplelist (2 tuples, 3 values each):
 ( 1 , 1 , 2 )
 ( 1 , 1 , 4 )
>
```

12.6 例題：栄養問題

　あなたは，某ハンバーガーショップの調査を命じられた健康オタクの諜報員だ.

　あなたは任務のため，毎日ハンバーガーショップだけで食事をしなければならないが，健康を守るため，なるべく政府の決めた栄養素の推奨値を遵守しようと考えている.

　考慮する栄養素は，カロリー（Cal），炭水化物（Carbo），タンパク質（Protein），ビタミン A（VitA），ビタミン C（VitC），カルシウム（Calc），鉄分（Iron）であり，1 日に必要な量の上下限は，以下の表の通りとする.

　現在，ハンバーガーショップで販売されている商品は，CQPounder, Big M, FFilet, Chicken, Fries, Milk, VegJuice の 7 種類だけであり，それぞれの価格と栄養素の含有量は，以下の表のようになっている.

　さらに，調査費は限られているので，なるべく安い商品を購入するように命じられている. さて，どの商品を購入して食べれば，健康を維持できるだろうか？

　商品の集合を F（Food の略），栄養素の集合を N（Nutrient の略）とする. 栄養素 i の 1 日の摂取量の下限を a_i，上限を b_i とし，商品 j の価格を c_j，含んでいる栄養素 i の量を n_{ij} とする. 商品 j を購入する個数を非負の実数変数 x_j で表すと，栄養問題は以下のように定式化できる.

栄養素 N	Cal	Carbo	Protein	VitA	VitC	Calc	Iron	価格
商品名 F			n_{ij}					c_j
CQPounder	556	39	30	147	10	221	2.4	360
Big M	556	46	26	97	9	142	2.4	320
FFilet	356	42	14	28	1	76	0.7	270
Chicken	431	45	20	9	2	37	0.9	290
Fries	249	30	3	0	5	7	0.6	190
Milk	138	10	7	80	2	227	0	170
VegJuice	69	17	1	750	2	18	0	100
上限 a_i	3000	375	60	750	100	900	7.5	
下限 b_i	2000	300	50	500	85	660	6.0	

$$minimize \quad \sum_{j \in F} c_j x_j$$
$$s.t. \quad a_i \le \sum_{j \in F} n_{ij} x_j \le b_i \quad i \in N$$
$$x_j \ge 0 \quad\quad\quad j \in F$$

さて，実際問題を解く際の注意で書いたように，ユーザーは無理な注文をしがちだ．
ここでは，制約の逸脱を表す以下の2つの変数を追加することによって，対処する．

- d_i: 不足変数
- s_i: 超過変数

制約は，以下のようにソフトな制約に変更する．

$$a_i - d_i \le \sum_{j \in F} n_{ij} x_j \le b_i + s_i \quad i \in N$$

また，目的関数にも制約の逸脱ペナルティを追加する．ここで，M は十分に大きな数とする．

$$minimize \quad \sum_{j \in F} c_j x_j + \sum_{i \in N} M(d_i + s_i)$$

```
F, c, n = multidict(
    {
        "CQPounder": [
            360,
            {
                "Cal": 556,
                "Carbo": 39,
                "Protein": 30,
                "VitA": 147,
                "VitC": 10,
                "Calc": 221,
```

```
                    "Iron": 2.4,
            },
        ],
        "Big M": [
            320,
            {
                    "Cal": 556,
                    "Carbo": 46,
                    "Protein": 26,
                    "VitA": 97,
                    "VitC": 9,
                    "Calc": 142,
                    "Iron": 2.4,
            },
        ],
        "FFilet": [
            270,
            {
                    "Cal": 356,
                    "Carbo": 42,
                    "Protein": 14,
                    "VitA": 28,
                    "VitC": 1,
                    "Calc": 76,
                    "Iron": 0.7,
            },
        ],
        "Chicken": [
            290,
            {
                    "Cal": 431,
                    "Carbo": 45,
                    "Protein": 20,
                    "VitA": 9,
                    "VitC": 2,
                    "Calc": 37,
                    "Iron": 0.9,
            },
        ],
        "Fries": [
            190,
            {
                    "Cal": 249,
                    "Carbo": 30,
                    "Protein": 3,
                    "VitA": 0,
                    "VitC": 5,
                    "Calc": 7,
                    "Iron": 0.6,
```

```
            },
        ],
        "Milk": [
            170,
            {
                "Cal": 138,
                "Carbo": 10,
                "Protein": 7,
                "VitA": 80,
                "VitC": 2,
                "Calc": 227,
                "Iron": 0,
            },
        ],
        "VegJuice": [
            100,
            {
                "Cal": 69,
                "Carbo": 17,
                "Protein": 1,
                "VitA": 750,
                "VitC": 2,
                "Calc": 18,
                "Iron": 0,
            },
        ],
    }
)
N, a, b = multidict(
    {
        "Cal": [2000, 3000],
        "Carbo": [300, 375],
        "Protein": [50, 60],
        "VitA": [500, 750],
        "VitC": [85, 100],
        "Calc": [660, 900],
        "Iron": [6.0, 7.5],
    }
)
model = Model("modern_diet")
x, s, d = {}, {}, {}
for j in F:
    x[j] = model.addVar(vtype="C", name=f"x({j})")
for i in N:
    s[i] = model.addVar(vtype="C", name=f"surplus({i})")
    d[i] = model.addVar(vtype="C", name=f"deficit({i})")
model.update()
for i in N:
    model.addConstr(quicksum(n[j][i] * x[j] for j in F) >= a[i] - d[i], f"NutrLB({i}
```

```
        })")
    model.addConstr(quicksum(n[j][i] * x[j] for j in F) <= b[i] + s[i], f"NutrUB({i,↵
        })")
model.setObjective(
    quicksum(c[j] * x[j] for j in F) + quicksum(9999 * d[i] + 9999 * s[i] for i in ↵
    N),
    GRB.MINIMIZE,
)
model.optimize()
status = model.Status
if status == GRB.Status.OPTIMAL:
    print("Optimal value:", model.ObjVal)
    for j in F:
        if x[j].X > 0:
            print(j, x[j].X)
    for i in N:
        if d[i].X > 0:
            print(f"deficit of {i} ={d[i].X}")
        if s[i].X > 0:
            print(f"surplus of {i} ={s[i].X}")
```

... (略) ...

```
Solved in 11 iterations and 0.01 seconds
Optimal objective  2.651191876e+05
Optimal value: 265119.1875926751
CQPounder 0.0131553307054175128
Fries 10.422664500064354
Milk 2.5154631133990755
VegJuice 0.7291054943881469
deficit of VitC =26.265987213562028
```

12.7 AMPL によるモデル化

最適化モデリング言語 AMPL を用いて（小さな）栄養問題を解いてみよう.

AMPL の無料版が https://ampl.com/ce/ でユーザー登録することによって使える.

ログインすると **License UUID:** の後に ID が表示されるので, それをクリックしてクリップボードに記憶しておく.

Google Colab の場合には, 以下のセルを実行して amplpy と AMPL をインストールする（途中で UUID を入れるように促されるので, コピーする）.

```
# Google Colabの場合  （ソルバーはオープンソースのHiGHS https://highs.dev/ を使う）
```

```
!pip install -q amplpy
MODULES, LICENSE_UUID = ["highs"], None
from amplpy import tools
ampl = tools.ampl_notebook(modules=MODULES, license_uuid=LICENSE_UUID, globals_=↵
    globals())
```

■ 12.7.1 インストール

Mac, Windows, Linux の場合には，AMPL をインストールして，コマンドインター
フェイス（ampl もしくは amplide）を使う．

- https://ampl.com/ce/ にログインし，OS にあった圧縮ファイルをダウンロード
  して展開する．
- Mac にインストールする際には，使用するコマンド（amplkey, ampl など）を Finder
  で右クリックで開いて，「開発元を検証できません．開いてもよろしいですか?」と
  いうメッセージが出たら「開く」を押す．
- ライセンスファイルをダウンロードしたあとに，以下のコマンドでライセンスを登
  録する．

```
amplkey activate --uuid    コピーしたUUID
```

- ampl を起動する．
- 統合開発環境 amplide を使いたい場合には，以下のコマンドを実行する．

```
xattr -rc amplide
```

■ 12.7.2 モデルファイルをファイルに書き出す

マジックコマンド %%**writefile** を用いて，栄養問題のモデルファイル diet.mod を保
存する．

```
%%writefile diet.mod
set NUTR;
set FOOD;

param cost {FOOD} > 0;
param f_min {FOOD} >= 0;
param f_max {j in FOOD} >= f_min[j];

param n_min {NUTR} >= 0;
param n_max {i in NUTR} >= n_min[i];

param amt {NUTR,FOOD} >= 0;

var Buy {j in FOOD} >= f_min[j], <= f_max[j];
```

```
minimize Total_Cost:  sum {j in FOOD} cost[j] * Buy[j];

subject to Diet {i in NUTR}:
  n_min[i] <= sum {j in FOOD} amt[i,j] * Buy[j] <= n_max[i];
```

■ 12.7.3　同様にデータファイルを書き出す

```
%%writefile diet.dat
data;

set NUTR := A B1 B2 C ;
set FOOD := BEEF CHK FISH HAM MCH MTL SPG TUR ;

param:  cost  f_min  f_max :=
  BEEF  3.19    0     100
  CHK   2.59    0     100
  FISH  2.29    0     100
  HAM   2.89    0     100
  MCH   1.89    0     100
  MTL   1.99    0     100
  SPG   1.99    0     100
  TUR   2.49    0     100 ;

param:  n_min  n_max :=
  A     700    10000
  C     700    10000
  B1    700    10000
  B2    700    10000 ;

param amt (tr):
         A    C    B1   B2 :=
  BEEF   60   20   10   15
  CHK    8    0    20   20
  FISH   8    10   15   10
  HAM    40   40   35   10
  MCH    15   35   15   15
  MTL    70   30   15   15
  SPG    25   50   25   15
  TUR    60   20   15   10 ;
```

■ 12.7.4　AMPL のコマンドで最適化をする

　マジックコマンド %%ampl_eval でコマンドを実行する．ソルバーはオープンソースの cbc を指定し，solve コマンドで求解する．その後，display コマンドで変数 Buy を表示する．

```
%%ampl_eval
reset;
model diet.mod;
data diet.dat;
option solver cbc;
solve;
display Buy;
```

問題 141 線形最適化（1）

あなたは業務用ジュースの販売会社の社長だ．いま，原料の ぶどう原液 200 ℓ とりんご原液 100 ℓ を使って 2 種類のミックスジュース（商品名は A,B）を作ろうと思っている．

ジュース A を作るにはぶどう 3 ℓ とりんご 1 ℓ が必要で，ジュース B を作るにはぶどう 2 ℓ とりんご 2 ℓ が必要である（なんとジュースは 4 ℓ 入りの特大サイズなのだ！）．ジュース A は 3 千円，ジュース B は 4 千円の値段をつけた．

さて，ジュース A とジュース B をそれぞれ何本作れば，利益が最大になるだろうか？

問題 142 線形最適化（2）

A さんと B さんと C さんがいくらかずつお金を持っている．A さんが B さんに 100 円をわたすとすると，A さん B さんの所持金が等しくなる．また，B さんが C さんに 300 円わたすと，B さん C さんの所持金が等しくなる．上の条件を満たす中で，3 人の所持金の和が最小になるものを求めよ．

問題 143 線形最適化（3）

マラソン大会に出場した裕一郎君の証言をもとに，彼がどれくらい休憩していたかを推定せよ．ただし時間はすべて整数でなく実数で測定するものとする．

• 証言 1:「フルマラソンの 42.195 km はきつかったです．でもタイムは 6 時間 40 分と自己ベスト更新です．」

• 証言 2:「できるだけ走ろうと頑張りましたが，ときどき歩いたり，休憩をとっていました．」

• 証言 3:「歩いている時間は走ってる時間のちょうど 2 倍でした．」

• 証言 4:「僕の歩く速度は分速 70m で，走る速度は分速 180m です．」

問題 144 線形最適化（4）

あなたは丼チェーンの店長だ．店の主力製品は，トンコケ丼，コケトン丼，ミックス丼，ビーフ丼の 4 種類で，トンコケ丼を 1 杯作るには，200g の豚肉と 100g の鶏肉，コケトン丼を 1 杯作るには，100g の豚肉と 200g の鶏肉，ミックス丼を 1 杯作るには，豚肉，鶏肉，牛肉を 100g ずつ，最後のビーフ丼は，牛肉だけを 300g 使う．ただし，

ビーフ丼は限定商品のため 1 日 10 杯しか作れない.

　原料として使用できる豚, 鶏, 牛の肉は, 最大 1 日あたり 9 kg, 9 kg, 6 kg で, 販売価格は, トンコケ丼 1 杯 1500 円, コケトン丼 1 杯 1800 円, ミックス丼 1 杯 2000円, そしてビーフ丼は 5000 円だ.

　さて, お店の利益を最大にするためには, あなたは丼を何杯ずつ作るように指示を出せばよいのだろうか?

　また, 上の問題において, 豚肉, 鶏肉, 牛肉の 100 g あたりの価値はいくらになるか計算せよ.

問題145 輸送問題と双対性

　あなたは, スポーツ用品販売チェインのオーナーだ. あなたは, 店舗展開している 5 つの顧客 (需要地点) に対して, 3 つの自社工場で生産した 1 種類の製品を運ぶ必要がある. 工場の生産可能量 (容量) と顧客の需要量は表のようになっている.

工場生産可能容量			顧需要客				
1	2	3	1	2	3	4	5
500	500	500	80	270	250	160	180

　ただし, 工場から顧客へ製品を輸送する際は必ず 2 箇所の倉庫のいずれかを経由しなければならない. 工場と倉庫間, 倉庫と顧客間の輸送費用は, 以下の表のようになっているとしたとき, どのような輸送経路を選択すれば, 総費用が最小になるであろうか?

倉庫	工場			顧客				
	1	2	3	1	2	3	4	5
1	1	2	3	4	5	6	8	10
2	3	1	2	6	4	3	5	8

　上の輸送問題において, 各顧客の追加注文は 1 単位あたりいくらの費用の増加をもたらすのか, 双対性の概念を用いて計算せよ.

　費用削減のためには, どの工場を拡張すれば良いかを, やはり双対性を用いて考えよ.

問題146 実行不可能性

　上の輸送問題において, 各顧客の需要がすべて 2 倍になった場合を考えよ. この問題は実行不可能になるので, それを回避する定式化を示せ (ヒント: 工場容量の逸脱を許すか, 顧客需要の不足を許す定式化を考えれば良い).

問題147 ゼロ和ゲーム (1)

　サッカーの PK (ペナルティキック) の最適戦略を考える.

　いま, ゴールキーパーは (キッカーから見て) 左に飛ぶか右に飛ぶかの 2 つの戦略を持っており, キッカーは左に蹴るか右に蹴るかの 2 つの戦略を持っているものとする. 得点が入る確率は, 両選手の得意・不得意から以下のような確率になっているも

のとする（行がキーパーで，列がキッカーの戦略である）．

	左	右
左	0.9	0.5
右	0.6	0.8

　キーパーは得点が入る確率を最小化したいし，キッカーは得点が入る確率を最大化したい．さて，両選手はどのような行動をとれば良いだろうか？

　これは，ゼロ和ゲームの混合戦略を求める問題となり，確率的な行動をとることが最適戦略となる（つまりどちらに飛ぶかはサイコロを振って決めるのだ）．

　キーパーが左に行く確率を変数 L，右に行く確率を変数 R として線形最適化問題として定式化を行う．キッカーの戦略を（たとえば左に）固定した場合には，ゲームの値（お互いが最適戦略をとったときにゴールが決まる確率）V は，

$$V \geq 0.9L + 0.6R$$

を満たす．キーパーはなるべく V が小さくなるように変数を決め，キッカーは V の値を最大化する．

問題 148 ゼロ和ゲーム（2）

　上の問題において，キッカーの戦略を変数として定式化を行い求解せよ．元の（キーパーの戦略を変数とした）問題の最適双対変数が，この問題の最適解になっていることを確認せよ．

12.8 混合整数最適化問題

■ 12.8.1 （混合）整数最適化問題の一般形
　一般の整数線形最適化問題は以下のように書ける．

$$minimize \quad c^T x$$
$$s.t. \quad Ax \leq b$$
$$x \in \mathbf{Z}^n$$

ここで，x は変数を表す n 次元ベクトル，A は制約の左辺係数を表す $m \times n$ 行列，c は目的関数の係数を表す n 次元ベクトル，b は制約式の右辺定数を表す m 次元ベクトルである．

　変数の一部が整数でなく実数であることを許した問題を混合整数最適化問題とよぶ．

■ 12.8.2 例題: 鶴亀算の拡張
　簡単な例題で整数線形最適化問題を説明する．

宇宙ステーションに，地球人（頭 1 つで足 2 本），犬星人（頭 1 つで足 4 本），タコ星人（頭 1 つで足 8 本）が何人かいる．

頭の数の合計は 32，足の数の合計は 80 である．人間以外の星人の数が最小の場合の，各星人の人数を求めよ．

```
model = Model("puzzle")
x = model.addVar(vtype="I", name="x")
y = model.addVar(vtype="I", name="y")
z = model.addVar(vtype="I", name="z")
model.update()

model.addConstr(x + y + z == 32, "Heads")
model.addConstr(2 * x + 4 * y + 8 * z == 80, "Legs")

model.setObjective(y + z, GRB.MINIMIZE)

model.optimize()

print("Opt. Val.=", model.ObjVal)
print("(x,y,z)=", (x.X, y.X, z.X))
```

```
...（略）...

Explored 0 nodes (0 simplex iterations) in 0.01 seconds
Thread count was 1 (of 16 available processors)

Solution count 1: 4

Optimal solution found (tolerance 1.00e-04)
Best objective 4.000000000000e+00, best bound 4.000000000000e+00, gap 0.0000%
Opt. Val.= 4.0
(x,y,z)= (28.0, 2.0, 2.0)
```

■ 12.8.3 例題: 多制約ナップサック問題

あなたは，ぬいぐるみ専門の泥棒だ．ある晩，あなたは高級ぬいぐるみ店にこっそり忍び込んで，盗む物を選んでいる．

狙いはもちろん，マニアの間で高額で取り引きされているクマさん人形だ．クマさん人形は，現在 4 体販売されていて，それらの値段と重さと容積は，以下のようになっている．

- 極小クマ: 16, 2, 3000
- 小クマ: 19, 3, 3500
- 中クマ: 23, 4, 5100

- 大クマ: 28, 5, 7200

あなたは，転売価格の合計が最大になるようにクマさん人形を選んで逃げようと思っているが，あなたが逃走用に愛用しているナップサックはとても古く，7 kg より重い荷物を入れると，底がぬけてしまうし，10000 cm³ を超えた荷物を入れると破けてしまう．

さて，どのクマさん人形をもって逃げれば良いだろうか？

- n 個のアイテム，m 本の制約
- 各々のアイテム $j = 1, 2, \ldots, n$ の価値 $v_j (\geq 0)$
- アイテム j の制約 $i = 1, 2, \ldots, m$ に対する重み $a_{ij} (\geq 0)$
- 制約 i に対する制約の上限値 $b_i (\geq 0)$
- アイテムの番号の集合 $J = \{1, 2, \ldots, n\}$
- 制約の番号の集合 $I = \{1, 2, \ldots, m\}$
- アイテム j をナップサックに詰めるとき 1，それ以外のとき 0 になる 0-1 変数 x_j

上の記号を使うと，多制約ナップサック問題の定式化は以下のようになる．

$$
\begin{aligned}
maximize \quad & \sum_{j \in J} v_j x_j \\
s.t. \quad & \sum_{j \in J} a_{ij} x_j \leq b_i \quad \forall i \in I \\
& x_j \in \{0, 1\} \quad \forall j \in J
\end{aligned}
$$

```python
J, v = multidict({1: 16, 2: 19, 3: 23, 4: 28})
a = {
    (1, 1): 2,
    (1, 2): 3,
    (1, 3): 4,
    (1, 4): 5,
    (2, 1): 3000,
    (2, 2): 3500,
    (2, 3): 5100,
    (2, 4): 7200,
}
I, b = multidict({1: 7, 2: 10000})

model = Model("mkp")
x = {}
for j in J:
    x[j] = model.addVar(vtype="B", name=f"x({j})")
model.update()

for i in I:
    model.addConstr(quicksum(a[i, j] * x[j] for j in J) <= b[i], f"Capacity({i})")
```

```
model.setObjective(quicksum(v[j] * x[j] for j in J), GRB.MAXIMIZE)

model.optimize()
print("Optimal value=", model.ObjVal)

EPS = 1.0e-6
for v in model.getVars():
    if v.X > EPS:
        print(v.VarName, v.X)
```

```
... (略) ...

Explored 0 nodes (0 simplex iterations) in 0.01 seconds (0.00 work units)
Thread count was 1 (of 16 available processors)

Solution count 2: 42 35

Optimal solution found (tolerance 1.00e-04)
Best objective 4.200000000000e+01, best bound 4.200000000000e+01, gap 0.0000%
Optimal value= 42.0
x(2) 1.0
x(3) 1.0
```

■ 12.8.4　例題: 論理条件

上の多制約 0-1 ナップサック問題の例題に対して, 以下の付加条件をつけた問題を
定式化して解を求めよ.

1) 小クマと中クマは仲が悪いので, 同時にもって逃げてはいけない.

2) 小クマは極小クマが好きなので, 小クマを持って逃げるときには必ず極小クマ
ももって逃げなければならない.

3) 極小クマ, 小クマ, 大クマのうち, 少なくとも 2 つはもって逃げなければなら
ない.

```
J, v = multidict({1: 16, 2: 19, 3: 23, 4: 28})
a = {
    (1, 1): 2,
    (1, 2): 3,
    (1, 3): 4,
    (1, 4): 5,
    (2, 1): 3000,
    (2, 2): 3500,
    (2, 3): 5100,
    (2, 4): 7200,
}
I, b = multidict({1: 7, 2: 10000})
```

```
model = Model("mkp")
x = {}
for j in J:
    x[j] = model.addVar(vtype="B", name=f"x({j})")
model.update()

for i in I:
    model.addConstr(quicksum(a[i, j] * x[j] for j in J) <= b[i], f"Capacity({i})")

model.setObjective(quicksum(v[j] * x[j] for j in J), GRB.MAXIMIZE)

# いずれかのコメントを外す
# 1.
# model.addConstr( x[2] + x[3] <=1 )
# 2.
# model.addConstr( x[2] <= x[1])
# 3.
model.addConstr(x[1] + x[2] + x[4] >= 2)

model.optimize()
print("Optimal value=", model.ObjVal)

EPS = 1.0e-6
for v in model.getVars():
    if v.X > EPS:
        print(v.VarName, v.X)
```

```
... (略) ...

Explored 0 nodes (0 simplex iterations) in 0.00 seconds
Thread count was 1 (of 16 available processors)

Solution count 1: 35

Optimal solution found (tolerance 1.00e-04)
Best objective 3.500000000000e+01, best bound 3.500000000000e+01, gap 0.0000%
Optimal value= 35.0
x(1) 1.0
x(2) 1.0
```

問題 149 鶴亀蛸キメラ算

鶴と亀と蛸とキメラ（伝説に出てくる空想生物）が何匹ずつかいる．頭の数を足すと 32，足の数を足すと 99 になる．キメラの頭の数は 2，足の数は 3 としたときに，鶴と亀と蛸の数の和を一番小さくするような匹数を求めよ．

12.9 モデリングのコツ

12.9.1 最大値の最小化

実数変数 x_1, x_2 に対する 2 つの線形関数 $3x_1 + 4x_2$ と $2x_1 + 7x_2$ の大きい方を小さくしたい場合を考える. これは最大値の最小化問題であり, 新しい実数変数 z を導入し,

$$3x_1 + 4x_2 \leq z, \quad 2x_1 + 7x_2 \leq z$$

の制約を加えた後で, z を最小化することによって, 通常の線形最適化に帰着できる. これは, 制約が何本あっても同じである. また, 最大値の最小化も同様に定式化できる.

整数変数に対する線形式に対しては,「最大値の最小化」をしたいときに上のアプローチをとることは推奨されない (小規模な問題例は別である). これは, 混合整数最適化ソルバーで用いている分枝限定法が, このタイプの制約に対して弱く, 限界値の改善が難しいためである.

例題: 以下の制約の下で, $3x_1 + 4x_2$ と $2x_1 + 7x_2$ の大きい方を最小化せよ.

$$x_1 + 2x_2 \geq 12$$

$$2x_2 + x_2 \geq 15$$

```python
model = Model("min-max")
x1 = model.addVar(name="x1")
x2 = model.addVar(name="x2")
z = model.addVar(name="z")
model.update()
model.addConstr(x1 + 2 * x2 >= 12)
model.addConstr(2 * x1 + x2 >= 15)
model.addConstr(3 * x1 + 4 * x2 <= z)
model.addConstr(2 * x1 + 7 * x2 <= z)
model.setObjective(z, GRB.MINIMIZE)
model.optimize()
print(model.ObjVal)
print(x1.X, x2.X)
```

```
... (略) ...

Solved in 4 iterations and 0.01 seconds
Optimal objective  3.120000000e+01
31.200000000000003
7.2 2.4
```

■ 12.9.2 最小値の最小化

最小値の最小化はさらにやっかいである．最大値の最小化の場合と同様に，新しい実数変数 z を導入し，今度は最小値と一致するように以下の制約を加える．

$$3x_1 + 4x_2 \geq z, \ 2x_1 + 7x_2 \geq z$$

これらの制約だけで z を最小化すると目的関数値は $-\infty$ になる．これを避けるためには，上の制約において，左辺の小さい方と z が等しくなるという条件が必要になる．大きな数 M と 0-1 変数 y を用いると，この条件は以下の制約で記述することができる．

$$3x_1 + 4x_2 \leq z + My, \ 2x_1 + 7x_2 \leq z + M(1 - y)$$

$y = 0$ のときには，左側の制約だけが意味をもち，$3x_1 + 4x_2 \leq z$ となる．これを元の制約 $3x_1 + 4x_2 \geq z$ と合わせることによって，$3x_1 + 4x_2 = z$ を得る．$y = 1$ のときには，右側の制約だけが意味をもち，$2x_1 + 7x_2 \leq z$ となる．これを元の制約 $2x_1 + 7x_2 \geq z$ と合わせることによって $2x_1 + 7x_2 = z$ を得る．

例題

以下の制約の下で，$3x_1 + 4x_2$ と $2x_1 + 7x_2$ の小さい方を最小化せよ．

$$x_1 + 2x_2 \geq 12$$

$$2x_2 + x_2 \geq 15$$

```
model = Model("min-min")
x1 = model.addVar(name="x1")
x2 = model.addVar(name="x2")
z = model.addVar(name="z")
y = model.addVar(name="y", vtype="B")
M = 99999
model.update()
model.addConstr(x1 + 2 * x2 >= 12)
model.addConstr(2 * x1 + x2 >= 15)
model.addConstr(3 * x1 + 4 * x2 >= z)
model.addConstr(2 * x1 + 7 * x2 >= z)
model.addConstr(3 * x1 + 4 * x2 <= z + M * y)
model.addConstr(2 * x1 + 7 * x2 <= z + M * (1 - y))
model.setObjective(z, GRB.MINIMIZE)
model.optimize()
print(model.ObjVal)
print(x1.X, x2.X)
```

... (略) ...

```
Explored 3 nodes (5 simplex iterations) in 0.01 seconds
Thread count was 16 (of 16 available processors)

Solution count 2: 24 30

Optimal solution found (tolerance 1.00e-04)
Best objective 2.400000000000e+01, best bound 2.400000000000e+01, gap 0.0000%
24.0
12.0 0.0
```

■ 12.9.3 絶対値の最小化

　実数変数 x の絶対値 $|x|$ を「最小化」したいという要求は実務でしばしば現れる.「最小化」なら, 変数を 1 つ追加するだけで処理できる. まず, $|x|$ を表す新しい変数 z を追加し, $z \geq x$ と $z \geq -x$ の 2 つの制約を追加する. z を最小化すると, x が非負のときには $z \geq x$ の制約が効いて, x が負のときには $z \geq -x$ の制約が効いてくるので, z は $|x|$ と一致する.

　別の方法もある. この方法は, 後述するように絶対値の「最大化」にも拡張できる. 2 つの新しい非負の実数変数 y と z を導入する. まず, 変数 x を $x = y - z$ と 2 つの非負条件をもつ実数変数の差として記述する. x の絶対値 $|x|$ を $y + z$ と記述すると, $y \geq 0, z \geq 0$ の制約が付加されているので, x が負のときには z が正(このとき y は 0)となり, x が正のときには y が正(このとき z は 0)になる. つまり, 定式化内の x をすべて $y - z$ で置き換え, 最小化したい目的関数内の $|x|$ をすべて $y + z$ で置き換えれば良い.

　例題

　以下の線形最適化問題を, 上で説明した 2 通りの定式化で解け.

$$\begin{aligned} minimize \quad & 2x_1 + 3x_2 + |x_1 - x_2| \\ s.t. \quad & x_1 + 2x_2 \geq 12 \\ & 2x_2 + x_2 \geq 15 \\ & x_1, x_2 \geq 0 \end{aligned}$$

```
model = Model("absolute(1)")
x1 = model.addVar(name="x1")
x2 = model.addVar(name="x2")
A = model.addVar(name="A", lb=-1000000000.0)  # 差を表す実数変数
z = model.addVar(name="z")  # |A|を表す補助変数
model.update()
model.addConstr(x1 + 2 * x2 >= 12)
model.addConstr(2 * x1 + x2 >= 15)
model.addConstr(x1 - x2 == A)
```

```
model.addConstr(z >= A)
model.addConstr(z >= -A)
model.setObjective(2 * x1 + 3 * x2 + z, GRB.MINIMIZE)
model.optimize()
print(model.ObjVal)
print(x1.X, x2.X, A.X)
```

```
... (略) ...

Solved in 3 iterations and 0.01 seconds
Optimal objective  2.400000000e+01
24.0
6.0 3.0 3.0
```

```
model = Model("absolute(2)")
x1 = model.addVar(name="x1")
x2 = model.addVar(name="x2")
y = model.addVar(name="y")   # x_1-x_2 = y-z
z = model.addVar(name="z")
model.update()
model.addConstr(x1 + 2 * x2 >= 12)
model.addConstr(2 * x1 + x2 >= 15)
model.addConstr(x1 - x2 == y - z)
model.setObjective(2 * x1 + 3 * x2 + y + z, GRB.MINIMIZE)
model.optimize()
print(model.ObjVal)
print(x1.X, x2.X, y.X, z.X)
```

```
... (略) ...

Solved in 3 iterations and 0.00 seconds
Optimal objective  2.400000000e+01
24.0
6.0 3.0 3.0 0.0
```

■ 12.9.4　絶対値の最大化

絶対値を「最大化」したい場合には, y と z のいずれか一方だけを正にすることができるという制約が必要になる. そのためには, 大きな数 M と 0-1 変数 ξ を使い, 以下の制約を付加する.

$$y \leq M\xi$$

$$z \leq M(1 - \xi)$$

変数 ξ が 1 のときには，y が正になることができ，0 のときには z が正になることができる.

例題

以下の絶対値が入った線形最適化問題を解け.

$$maximize \quad -2x_1 - 3x_2 + |x_1 - x_2|$$
$$s.t. \quad x_1 + 2x_2 \geq 12$$
$$2x_2 + x_2 \geq 15$$
$$x_1, x_2 \geq 0$$

```python
model = Model("absolute(3)")
x1 = model.addVar(name="x1")
x2 = model.addVar(name="x2")
y = model.addVar(name="y")  # |x_1-x_2| = y-z
z = model.addVar(name="z")
xi = model.addVar(name="xi", vtype="B")
M = 999999.0
model.update()
model.addConstr(x1 + 2 * x2 >= 12)
model.addConstr(2 * x1 + x2 >= 15)
model.addConstr(x1 - x2 == y - z)
model.addConstr(y <= M * xi)
model.addConstr(z <= M * (1 - xi))
model.setObjective(-2 * x1 - 3 * x2 + y + z, GRB.MAXIMIZE)
model.optimize()
print(model.ObjVal)
print(x1.X, x2.X, y.X, z.X)
```

```
... (略) ...

Explored 1 nodes (6 simplex iterations) in 0.01 seconds
Thread count was 16 (of 16 available processors)

Solution count 2: -12 -25
No other solutions better than -12

Optimal solution found (tolerance 1.00e-04)
Best objective -1.200000000000e+01, best bound -1.200000000000e+01, gap 0.0000%
-12.0
12.0 0.0 12.0 0.0
```

問題 150 スーパーの位置（絶対値）

2 次元の格子上にある 4 つの点 $(0, 1), (2, 0), (3, 3), (1, 3)$ に住んでいる人たちが，最もアクセスが良くなる地点にスーパーを配置しようと考えている. 格子上での移動時間

が, x 座標の差と y 座標の差の和で与えられるとしたとき, 最適なスーパーの位置を求めよ（ヒント: スーパーの位置を X, Y としたとき,（たとえば）点 $(1, 3)$ からの距離は, $|X - 1| + |Y - 3|$ と絶対値を用いて計算できる）.

問題 151 消防署の位置（最大値の最小化）

上と同じ地点に住む人たちが, 今度は消防署を作ろうと考えている. 最も消防署から遠い地点に住む人への移動距離を最小にするには, どこに消防署を配置すれば良いだろうか？

■ 12.9.5 離接制約

either or の条件 とは, いずれか 1 つが満たされていなければならないという条件のことである.

- $2x_1 + x_2 \leq 30, x_1 + 2x_2 \leq 30$ の 2 本の制約のいずれかが成立するという条件
  - 大きな数 M と 0-1 変数 y を用いて,

$$2x_1 + x_2 \leq 30 + My, \quad x_1 + 2x_2 \leq 30 + M(1 - y)$$

- $2x_1 + x_2 \leq 30, \quad x_1 + 2x_2 \leq 30, \quad 5x_1 + x_2 \leq 50$ の 3 本の制約のいずれかが成立するという条件
  - 3 つの 0-1 変数 y_1, y_2, y_3 を用いて,

$$2x_1 + x_2 \leq 30 + M(1 - y_1), \quad x_1 + 2x_2 \leq 30 + M(1 - y_2), \quad 5x_1 + x_2 \leq 50 + M(1 - y_3)$$

$$y_1 + y_2 + y_3 \geq 1$$

例題

以下の「もしくは」の上限が入った線形最適化問題を解け.

$$
\begin{aligned}
maximize \quad & x_1 + x_2 \\
s.t. \quad & 2x_1 + x_2 \leq 30 \quad \text{もしくは} \quad x_1 + 2x_2 \leq 40 \\
& x_1, x_2 \geq 0
\end{aligned}
$$

```
model = Model("disjunctive")
x1 = model.addVar(name="x1")
x2 = model.addVar(name="x2")
y = model.addVar(name="y", vtype="B")
M = 99999
model.update()
model.addConstr(2 * x1 + x2 <= 30 + M * y)
model.addConstr(x1 + 2 * x2 <= 40 + M * (1 - y))
model.setObjective(x1 + x2, GRB.MAXIMIZE)
model.optimize()
print(model.ObjVal)
print(x1.X, x2.X)
```

```
... （略）...

Explored 0 nodes (2 simplex iterations) in 0.01 seconds
Thread count was 16 (of 16 available processors)

Solution count 2: 40 15

Optimal solution found (tolerance 1.00e-04)
Best objective 4.000000000000e+01, best bound 4.000000000000e+01, gap 0.0000%
40.0
40.0 0.0
```

■ 12.9.6　if A then B 条件

　実際の問題を考える際には，「制約 A が成立している場合には，制約 B も成立しなければならない」という論理制約がしばしば出てくる．例えば，「倉庫を建設しなければそこに保管することができない」とか「この作業とこの作業は同時刻に処理することはできない」などが代表的だ．ここでは，その取扱いについて解説する．

　事象が真か嘘かは 0-1 変数で表現できる．0-1 変数 x, y に対して，「x が真ならば y も真である」という論理制約は，$x <= y$ で表現できる．いずれかが真であるという論理制約は $x + y = 1$ となる．もう少し難しいものとして，「「この条件が成立しているときには，この制約が必要だ」(if ... then ...) という論理制約がある．「制約 A が成立している場合には，制約 B も成立しなければならない」という条件は，「A が成立しない or B が成立する」と同値である 0-1 変数 x, y のいずれかが 1 になるという制約は $x + y = 1$ であるので，「NOT A or B」は 0-1 変数を用いて記述することができる．

　「if A then B」は「NOT A or B」と同値

A	B	if A then B	NOT A	NOT A or B
偽	偽	真	真	真
偽	真	真	真	真
真	偽	偽	偽	偽
真	真	真	偽	真

　例として，整数変数 x_1, x_2 に対する以下の論理制約を考えよう．

・if.. then の条件:

$$\text{if}\quad x_1 + x_2 \le 10\quad \text{then}\quad x_1 \le 5$$

この条件は，

$$x_1 + x_2 \ge 11\quad \text{or}\quad x_1 \le 5$$

と同値であるので，0-1 変数 y と大きな数 M を用いて

• 離接制約で表現:

$$x_1 + x_2 > 10 - My, \quad x_1 \leq 5 + M(1 - y)$$

と書くことができる．x_1, x_2 が整数なので，第 1 式は以下と同値

$$x_1 + x_2 \geq 11 - My$$

• x_1, x_2 が整数でなく実数変数の場合の問題点:

数理最適化ソルバーでは，より大きい（>）と以上（≥）の制約を区別しない．

つまり，$x_1 + x_2 > 10$ は $x_1 + x_2 \geq 10$ と同値である．微少な値 $\epsilon > 0$ を用いて，以下のように書くことができる．

$$x_1 + x_2 \geq 10 + \epsilon - My$$

例題

以下の論理条件を含む整数最適化問題を解け．

$$minimize \quad x_1 + x_2$$
$$s.t. \quad x_2 \geq 2$$
$$\quad if \quad x_1 \leq 2 \quad then \quad x_2 \geq 6$$
$$\quad x_1, x_2 \text{は非負の整数}$$

```
model = Model("if_then")
x1 = model.addVar(name="x1")
x2 = model.addVar(name="x2")
y = model.addVar(name="y", vtype="B")
M = 99999
model.update()
model.addConstr(x2 >= 2)
model.addConstr(x1 >= 3 - M * y)
model.addConstr(x2 >= 6 - M * (1 - y))
model.setObjective(x1 + x2, GRB.MINIMIZE)
model.optimize()
print(model.ObjVal)
print(x1.X, x2.X)
```

```
... (略) ...

Explored 0 nodes (0 simplex iterations) in 0.00 seconds
Thread count was 1 (of 16 available processors)
```

```
Solution count 1: 5

Optimal solution found (tolerance 1.00e-04)
Best objective 5.000000000000e+00, best bound 5.000000000000e+00, gap 0.0000%
5.0
3.0 2.0
```

■ 12.9.7 例題: 嘘つき島パズル

ある島には正直族と嘘つき族とよばれる 2 種類の人たちが仲良く住んでいる．正直族は必ず本当のことを言い，嘘つき族は必ず嘘をつく．

あなたは，この島の人たちが正直族か嘘つき族なのかの調査を依頼された．

1) 最初の家の旦那に聞いたところ「夫婦は両方とも嘘つき族だよ」という答えだった．

2) 次の家に言って旦那に「ご夫婦は両方とも嘘つき族ですか？」と聞いたところ「少なくとも 1 人はね」という答えだった．

3) その次の家に行ったところ旦那が答えた「もし私が正直族なら，私の家内も正直族です」

さて，上の情報から，調査結果を報告せよ．

```
# x=1: 旦那, y=1: 奥さん が正直族
# 1. x=1 <=> x+y=0
model = Model()
x = model.addVar(name="x", vtype="B")
y = model.addVar(name="y", vtype="B")
z = model.addVar(name="z", vtype="B")
# if x=1, then x+y=0
# x=0 or x+y =0
model.addConstr(x + (x + y) <= 1)
# if x+y=0, then x=1
# x+y>=1 or x>=1
model.addConstr(x + y >= 1 - 9999 * z)
model.addConstr(x >= 1 - 9999 * (1 - z))
model.setObjective(x, GRB.MAXIMIZE)
model.optimize()
print(x.X, y.X)  # 旦那は嘘つき, 奥さんは正直
```

```
... (略) ...

Explored 0 nodes (0 simplex iterations) in 0.00 seconds
Thread count was 1 (of 16 available processors)

Solution count 1: -0
No other solutions better than -0
```

```
Optimal solution found (tolerance 1.00e-04)
Best objective -0.000000000000e+00, best bound -0.000000000000e+00, gap 0.0000%
0.0 1.0
```

```
# x=1: 旦那, y=1: 奥さん が正直族
# 2. x=1 <=> x+y<=1
model = Model()
x = model.addVar(name="x", vtype="B")
y = model.addVar(name="y", vtype="B")
z1 = model.addVar(name="z1", vtype="B")
z2 = model.addVar(name="z2", vtype="B")
# if x=1, then x+y<=1
# x<=0 or x+y <=1
model.addConstr(x <= 9999 * z1)
model.addConstr(x + y <= 1 + 9999 * (1 - z1))
# if x+y<=1, then x=1
# x+y>=2 or x>=1
model.addConstr(x + y >= 2 - 9999 * z2)
model.addConstr(x >= 1 - 9999 * (1 - z2))
model.setObjective(x, GRB.MAXIMIZE)
model.optimize()
print(x.X, y.X)  # 旦那は正直, 奥さんは嘘つき
```

```
... (略) ...

Explored 0 nodes (0 simplex iterations) in 0.00 seconds
Thread count was 1 (of 16 available processors)

Solution count 1: 1

Optimal solution found (tolerance 1.00e-04)
Best objective 1.000000000000e+00, best bound 1.000000000000e+00, gap 0.0000%
1.0 0.0
```

```
# x=1: 旦那, y=1: 奥さん が正直族
# 3. x=1 <=> (if x=1, then y=1) => x<=y
model = Model()
x = model.addVar(name="x", vtype="B")
y = model.addVar(name="y", vtype="B")
z = model.addVar(name="z", vtype="B")
# if x=1, then x<=y
model.addConstr(x <= y)
# if x<=y, then x=1
# x>=y+1 or x>=1
model.addConstr(x >= y + 1 - 9999 * z)
model.addConstr(x >= 1 - 9999 * (1 - z))
model.setObjective(x, GRB.MAXIMIZE)
model.optimize()
```

```
print(x.X, y.X)   # 両方とも正直
```

```
... (略) ...

Explored 0 nodes (0 simplex iterations) in 0.00 seconds
Thread count was 1 (of 16 available processors)

Solution count 1: 1

Optimal solution found (tolerance 1.00e-04)
Best objective 1.000000000000e+00, best bound 1.000000000000e+00, gap 0.0000%
1.0 1.0
```

問題 152 論理パズル（1）

　ある島には正直族と嘘つき族とよばれる 2 種類の人たちが仲良く住んでいる．正直族は必ず本当のことを言い，嘘つき族は必ず嘘をつく．

　またこの島には，夜になると狼に変身して人を襲う狼男が紛れ込んでいる．狼男もこの島の住民なので，正直族か嘘つき族のいずれかに属する．あなたは，この島の人たちが狼男なのかの調査を依頼された．

　3 人のうち 1 人が狼男であることが分かっている．A,B,C の 3 人組への証言は以下の通りである．

- A:「わたしは狼男です．」
- B:「わたしも狼男です．」
- C:「わたしたちの中の高々 1 人が正直族です．」

　さて，狼男は誰か？また誰が正直族で誰が嘘つき族か？

問題 153 論理パズル（2）

　同じ島でまた別の 3 人組 A,B,C の証言を得た．

- A:「わたしたちの中の少なくとも 1 人が嘘つき族です．」
- B:「C さんは正直族です．」

　この 3 人組も彼らのうちの 1 人が狼男で，彼は正直族であることが分かっているとき，狼男は誰か？また誰が正直族で誰が嘘つき族か？

問題 154 絶対値

　7 組の家族がみんなで食事会をしようと考えている．4 人がけのテーブルが 7 卓であり，親睦を深めるために，同じ家族の人たちは同じテーブルに座らないようにしたい．

　家族の構成は以下の通りとしたとき，各テーブルの男女比をなるべく均等にする（女性と平均人数との差の絶対値の和を最小化する）座り方を求めよ．ただし，女性には（F）の記号を付してある．

- 磯野家: 波平, フネ (F), カツオ, ワカメ (F)
- バカボン家: バカボンパパ, バカボンママ (F), バカボン, ハジメ
- 野原家: ひろし, みさえ (F), しんのすけ, ひまわり (F)
- のび家: のび助, 玉子 (F), のび太
- 星家: 一徹, 明子 (F), 飛雄馬
- レイ家: テム, カマリア (F), アムロ
- ザビ家: デギン, ナルス (F), ギレン, キシリア (F), サスロ, ドズル, ガルマ

また, 男女比をなるべく均等にしない (女性と平均人数との差の絶対値の和を最大化する) 座り方を求めよ.

■ 12.9.8 例題: 多期間生産計画

あなたの会社では, 2 つの製品 (P1, P2) を 2 台の機械 (M1, M2) で製造している. 今後 3 ヶ月の需要が決まっており, 製品 P1 に対しては 4000,8000,3000, 製品 P2 に対しては 1000,5000,5000 である.

各月の機械を使用できる時間 (h) も決まっており, 機械 M1 に対しては 700,300,1000, 機械 M2 に対しては 1500,400,300 である.

製品は機械によって製造速度が異なり, 製品を 1 単位製造するのに必要な時間 (h) は, 以下の表のように与えられているものとする.

	M1	M2
P1	0.15	0.16
P2	0.12	0.14

製造の変動費用は, 製品や機械によらず 1 時間あたり 5 ドル, 製品 1 単位を 1 ヶ月持ち越したときの生じる在庫費用は 0.1 ドルとする. なお, 初期在庫は 0, 最終在庫も 0 と仮定する.

1) 最適な生産計画を立案せよ.
2) 最終期に機械 M1 の使用可能な時間を 100 時間増やせる設備を 100 ドルで購入可能である. 購入すべきか?
3) 機械のメンテナンスをするなら, どの月にどの機械に対してやるべきか?

```
from mypulp import Model, GRB, quicksum

T = 3
products = ["P1", "P2"]
machines = ["M1", "M2"]
```

```
demand = {"P1": [4000, 8000, 3000], "P2": [1000, 5000, 5000]}
capacity = {"M1": [700, 300, 1000], "M2": [1500, 400, 300]}
rate = {("P1", "M1"): 0.15, ("P1", "M2"): 0.16, ("P2", "M1"): 0.12, ("P2", "M2"): ↵
    0.14}
variable_cost = 5.0
inventory_cost = 0.1

model = Model()
x, I = {}, {}
for p in products:
    for m in machines:
        for t in range(T):
            x[p, m, t] = model.addVar(name=f"x({p},{m},{t})")
for p in products:
    I[p, -1] = I[p, T - 1] = 0.0
    for t in range(T - 1):
        I[p, t] = model.addVar(name=f"I({p},{t})")
model.update()

capacity_constraints = {}
for m in machines:
    for t in range(T):
        capacity_constraints[m, t] = model.addConstr(
            quicksum(rate[p, m] * x[p, m, t] for p in products) <= capacity[m][t],
            name=f"Capacity Constraint({m},{t})",
        )

demand_constraints = {}
for p in products:
    for t in range(T):
        demand_constraints[p, t] = model.addConstr(
            I[p, t - 1] + quicksum(x[p, m, t] for m in machines)
            == demand[p][t] + I[p, t]
        )

model.setObjective(
    quicksum(
        variable_cost * rate[p, m] * x[p, m, t]
        for p in products
        for m in machines
        for t in range(T)
    )
    + quicksum(inventory_cost * I[p, t] for p in products for t in range(T)),
    GRB.MINIMIZE,
)
```

```
model.optimize()
print("Obj. Val.=", model.ObjVal)
for t in range(T):
```

```
for p in products:
    for m in machines:
        print(p, m, t, x[p, m, t].X)
```

```
Welcome to the CBC MILP Solver
Version: 2.10.3
Build Date: Dec 15 2019

command line - /Users/mikiokubo/Library/Caches/pypoetry/virtualenvs/analytics-v-↵
sH3Dza-py3.8/lib/python3.8/site-packages/pulp/apis/../solverdir/cbc/osx/64/cbc /var↵
/folders/69/5y96sdc94jxf6khgc8mlmxrr0000gn/T/a30e33bff56c4f9a87928084e1af31a1-pulp.↵
mps timeMode elapsed branch printingOptions all solution /var/folders/69/5↵
y96sdc94jxf6khgc8mlmxrr0000gn/T/a30e33bff56c4f9a87928084e1af31a1-pulp.sol (default ↵
strategy 1)
At line 2 NAME          MODEL
At line 3 ROWS
At line 17 COLUMNS
At line 66 RHS
At line 79 BOUNDS
At line 96 ENDATA
Problem MODEL has 12 rows, 16 columns and 32 elements
Coin0008I MODEL read with 0 errors
Option for timeMode changed from cpu to elapsed
Presolve 12 (0) rows, 16 (0) columns and 32 (0) elements
0  Obj 0 Primal inf 26000 (6)
12  Obj 19173.333
Optimal - objective value 19173.333
Optimal objective 19173.33333 - 12 iterations time 0.002
Option for printingOptions changed from normal to all
Total time (CPU seconds):       0.00   (Wallclock seconds):       0.00

Obj. Val.= 19173.333354000002
P1 M1 0 1866.6667
P1 M2 0 7633.3333
P2 M1 0 3500.0
P2 M2 0 0.0
P1 M1 1 0.0
P1 M2 1 2500.0
P2 M1 1 2500.0
P2 M2 1 0.0
P1 M1 2 2666.6667
P1 M2 2 333.33333
P2 M1 2 5000.0
P2 M2 2 0.0
```

余裕変数 (slack) や双対変数 (Pi) をみると, 機械 M1 の 1 時間あたりの価値は 0.33 ドルなので, 購入すべきでない.

余裕変数をみるとメインテナンスは, 最初の月か最後の月にすべきである.

```
for c in capacity_constraints:
    print(c, capacity_constraints[c].slack, capacity_constraints[c].Pi)
```

```
('M1', 0) -0.0 -0.33333333
('M1', 1) -0.0 -1.1666667
('M1', 2) -0.0 -0.33333333
('M2', 0) 278.6667 0.0
('M2', 1) -0.0 -0.625
('M2', 2) 246.666667 0.0
```

問題 155 2 段階製造問題

　ある会社が，3 つの製品 A,B,C を製造している．製造工程には，「切断」と「プレス」という 2 つの工程がある．すべての製品はこの 2 つの瞬間を通過しなければならない．

　1 日 8 時間使用可能な切削部門の生産能力は，製品 A は 1 時間に 2000 個，製品 B は 1 時間に 1600 個，製品 C は 1 時間に 1100 個である．

　1 日 8 時間使用可能なプレス部門の生産能力は，製品 A は 1 時間に 1000 個，製品 B は 1 時間に 1500 個，製品 C は 1 時間に 2400 個である．

　製品切り替えの段取り時間（費用）はかからないものとする．

　製品 A,B,C の 1 個あたりの利益をそれぞれ 12,9,8（万円）としたとき，利益を最大化する製造計画を立案せよ．

問題 156 多期間ロットサイズ決定問題

　1 つの製品の生産をしている工場を考える．在庫費用は 1 日あたり，1 トンあたり 1 万円とする．いま 7 日先までの需要が分かっていて，7 日分の生産量と在庫量を決定したい．各日の需要は，以下の表のようになっている．工場の 1 日の稼働時間は 8 時間，製品 1 トンあたりの製造時間は 1 時間としたとき，稼働時間上限を満たした最小費用の生産・在庫量を決定せよ．

日	1	2	3	4	5	6	7
需要量	5	7	8	2	9	1	3

　また，生産をした日には，段取り費用 10 万円がかかると仮定したときの生産・在庫量を求めよ．

問題 157 ナプキンのクリーニング（難）

　あなたはホテルの宴会係だ．あなたは 1 週間に使用するナプキンを手配する必要がある．各日の綺麗なナプキンの需要量は平日は 100 枚，土曜日と日曜日は 125 枚だ．新しいナプキンを購入するには 100 円かかる．使用したナプキンはクリーニング店で洗濯して綺麗なナプキンにすることができるが，早いクリーニング店だと 1 日で 1 枚

あたり 30 円かかり，遅いクリーニング店だと 2 日で 1 枚あたり 10 円かかる．月曜の朝のナプキンの在庫が 0 としたとき，需要を満たす最適なナプキンの購入ならびにクリーニング計画をたてよ．

さらに，日曜末の在庫を月曜の朝に使うことができると仮定したときの最適なナプキンのクリーニング計画をたてよ．

12.10 機械学習と数理最適化の融合

Gurobi 10 以降だと，機械（深層）学習モデルを数理最適化モデル内で記述できるようになった．

パッケージとしては，Python 3.9 以上でインストールできる gurobi-machinelearning（`https://github.com/Gurobi/gurobi-machinelearning`）が必要となる．

簡単な例題で説明する．

n 人の学生 i に対して，奨学金 x_i と成績 SAT_i, GPA_i から入学する確率 y_i をロジスティック回帰 g で予測する．

予算の上限の下で，入学者数を最大にする最適化モデルを考える．

学生数の 2 割の総予算と，1 人あたりの奨学金の上限を 2.5 とする．

問題は以下のように定式化できる．

$$maximize \quad \sum_{i=1}^{n} y_i$$
$$s.t. \quad \sum_{i=1}^{n} x_i \leq 0.2n$$
$$y_i = g(x_i, SAT_i, GPA_i) \quad i = 1, \ldots, n$$
$$0 \leq x_i \leq 2.5 \quad i = 1, \ldots, n$$

```python
import numpy as np
import pandas as pd
from matplotlib import pyplot as plt
from sklearn.linear_model import LogisticRegression
from sklearn.pipeline import make_pipeline
from sklearn.preprocessing import StandardScaler
```

```python
import gurobipy as gp
from gurobi_ml import add_predictor_constr
```

```python
janos_data_url = "https://raw.githubusercontent.com/INFORMSJoC/2020.1023/master/
                data/"
historical_data = pd.read_csv(
```

```
    janos_data_url + "college_student_enroll-s1-1.csv", index_col=0
)

features = ["merit", "SAT", "GPA"]
target = "enroll"
```

historical_data

	StudentID	SAT	GPA	merit	enroll
1	1	1507	3.72	1.64	0
2	2	1532	3.93	0.52	0
3	3	1487	3.77	1.67	0
4	4	1259	3.05	1.21	1
5	5	1354	3.39	1.65	1
...	...	...	...	...	...
19996	19996	1139	3.03	1.21	1
19997	19997	1371	3.39	1.26	0
19998	19998	1424	3.72	0.85	0
19999	19999	1170	3.01	0.73	1
20000	20000	1389	3.57	0.55	0

■ 12.10.1 ロジスティック回帰

```
regression = LogisticRegression(random_state=1)
pipe = make_pipeline(StandardScaler(), LogisticRegression(random_state=1))
pipe.fit(X=historical_data.loc[:, features], y=historical_data.loc[:, target])
```

```
Pipeline(steps=[('standardscaler', StandardScaler()),
                ('logisticregression', LogisticRegression(random_state=1))])
```

```
studentsdata = pd.read_csv(janos_data_url + "college_applications6000.csv", ↵
    index_col=0)

nstudents = 250

studentsdata = studentsdata.sample(nstudents)
```

studentsdata

StudentID	SAT	GPA
579	1109	2.70
2473	1238	3.09
4483	1344	3.36
3259	1141	2.79
5303	1377	3.54
...	...	...
2856	1515	3.68
3199	1429	3.54
4248	1458	3.47
4765	1127	2.78
4156	1303	3.09

■ 12.10.2　予測モデルの入力

奨学金（merit）は変数，SAT, GPA は定数なので，下限と上限が同じデータフレーム
を生成する．

```
feat_lb = studentsdata.copy()
feat_lb.loc[:, "merit"] = 0

feat_ub = studentsdata.copy()
feat_ub.loc[:, "merit"] = 2.5

feat_lb = feat_lb[features]
feat_ub = feat_ub[features]
```

```
feat_ub
```

	merit	SAT	GPA
StudentID			
579	2.5	1109	2.70
2473	2.5	1238	3.09
4483	2.5	1344	3.36
3259	2.5	1141	2.79
5303	2.5	1377	3.54
...	...	...	...
2856	2.5	1515	3.68
3199	2.5	1429	3.54
4248	2.5	1458	3.47
4765	2.5	1127	2.78
4156	2.5	1303	3.09

```
m = gp.Model()
#行列形式で変数（特徴）を生成する.
feature_vars = m.addMVar(
    feat_lb.shape, lb=feat_lb.to_numpy(), ub=feat_ub.to_numpy(), name="feats"
)
y = m.addMVar(nstudents, name="y")
#数理最適化の変数だけを切り出す
x = feature_vars[:, feat_lb.columns.get_indexer(["merit"])][:, 0]
```

■ 12.10.3　数理最適化モデル

```
m.setObjective(y.sum(), gp.GRB.MAXIMIZE)

m.addConstr(x.sum() <= 0.2 * nstudents)
m.update()
```

■ 12.10.4　予測モデル

```
pred_constr = add_predictor_constr(
    m, pipe, feature_vars, y, output_type="probability_1"
)

pred_constr.print_stats()
```

```
Model for pipe1:
1000 variables
1000 constraints
250 general constraints
Input has shape (250, 3)
Output has shape (250, 1)

Pipeline has 2 steps:

--------------------------------------------------------------------------------
Step            Output Shape    Variables            Constraints
                                          Linear    Quadratic    General

================================================================================
std_scaler1     (250, 3)        750         750          0          0

log_reg1        (250, 1)        250         250          0        250

--------------------------------------------------------------------------------
```

```
m.optimize()
```

```
... (略) ...

Explored 17 nodes (583 simplex iterations) in 0.19 seconds (0.08 work units)
Thread count was 16 (of 16 available processors)

Solution count 2: 155.561 155.525

Optimal solution found (tolerance 1.00e-04)
Warning: max constraint violation (7.8760e-03) exceeds tolerance
Warning: max general constraint violation (7.8760e-03) exceeds tolerance
  Piecewise linearization of function constraints often causes big violation.
  Try to adjust the settings of the related parameters, such as FuncPieces.
Best objective 1.555612345786e+02, best bound 1.555759018914e+02, gap 0.0094%
```

```
print(
    "Maximum error in approximating the regression {:.6}".format(
        np.max(pred_constr.get_error())
    )
)
```

Maximum error in approximating the regression 0.00787604

```
print("Obj. Val.=", m.ObjVal)
for i,val in enumerate(x.X):
    if val>0.001:
        print(i, val, y[i].X)
```

```
Obj. Val.= 155.56123457860315
1 0.36625418786428127 0.9647243767860887
2 1.5449987634443285 0.9647244609574173
6 0.4254226670884271 0.9647233971311812
11 1.2583986260999964 0.9647233855504708
12 1.3064728980088027 0.9647251852881026
18 0.2841236451978936 0.964723515205041
20 1.4652111951663969 0.9647232928985643
29 1.301145339131517 0.9647242732871019
32 0.9858133317942723 0.9647235646315373
36 0.8549750181976409 0.9647231882902626
42 1.4913412655029052 0.96472351019312
44 1.3959584725280108 0.9647236008664691
57 1.1710637924826546 0.9647233671749503
65 0.43214826737512846 0.9647251466765177
71 1.2880785326447355 0.9647233326062384
73 0.14826078104206913 0.9517915536948095
79 1.3468723404633065 0.9647243614915465
80 1.1297190067339495 0.9647251422561145
84 0.9274005923457155 0.9647235320230604
89 1.2292870887076097 0.9647234140977703
92 0.6224120096182626 0.9647233846765967
93 0.26014819060465383 0.964723515205041
94 1.3605051835939996 0.9647241821377014
95 1.053290775885338 0.9647232224710555
96 0.23856649528749915 0.9655388566439517
98 1.0485336330621007 0.9647232475341847
99 0.14661225266228564 0.8934708538649849
101 0.9208673583594649 0.9647231411821694
102 0.7649181832911948 0.9647234390485219
103 0.21144555257106762 0.9429108715050661
112 1.1247724595821775 0.964725199900775
113 1.533710747527582 0.9647252041365962
114 1.546961111330124 0.9647233657623101
122 0.7460789636055057 0.9647234819512446
125 0.37316338675084937 0.9647233666686077
132 0.271248315023011 0.9647235152050408
136 1.278564647877003 0.9647235710372666
138 1.1277508300829553 0.9647234995538505
145 0.7836897198354936 0.9647244574154458
149 0.3387283573519714 0.9647243935052474
152 0.806077088031856 0.9647233515246125
```

```
153 1.064011805699894 0.9647231533213617
162 0.8846554492834546 0.964723381740111
170 0.37297439594160486 0.9647235934955402
183 0.4640481799067927 0.964723172736836
184 0.5800461412064606 0.9647233881162768
186 1.0103588184601748 0.9647243213493288
189 0.8646814845300257 0.9647244097087265
195 1.167513848378381 0.9647235867310673
197 0.9454136233839694 0.9647242635213913
198 1.2065184325569052 0.9647234205689218
202 0.3086674734428761 0.9647234929217359
212 1.5142990675586956 0.964723349748055
217 0.6342698921393319 0.9647233204715953
220 0.0890137406417103 0.964292106340445
221 1.1916777996601375 0.9647231277990816
249 0.7908587734555192 0.9647236533005208
```

13 制約最適化ソルバー SCOP

- **制約最適化ソルバー SCOP の使用法を解説する.**

SCOP（Solver forCOnstraint Programing：スコープ）は，大規模な制約最適化問題を高速に解くためのソルバーである.

ここで，制約最適化（constraint optimization）とは，数理最適化を補完する最適化理論の体系であり，組合せ最適化問題に特化した求解原理—メタヒューリスティクス（metaheuristics）—を用いるため，数理最適化ソルバーでは求解が困難な大規模な問題に対しても，効率的に良好な解を探索することができる.

SCOP のトライアルバージョンは，`http://logopt.com/scop2/` からダウンロードもしくは github `https://github.com/mikiokubo/scoptrial` からクローンできる.また，テクニカルドキュメントは，`https://scmopt.github.io/manual/14scop.html` にある.

13.1 重み付き制約充足問題

ここでは，SCOP で対象とする重み付き制約充足問題について解説する.

一般に**制約充足問題**（constraint satisfaction problem）は，以下の 3 つの要素から構成される.

- 変数（variable）：分からないもの，最適化によって決めるもの.制約充足問題では，変数は，与えられた集合（以下で述べる「領域」）から 1 つの要素を選択することによって決められる.
- 領域（domain）：変数ごとに決められた変数の取り得る値の集合.
- 制約（constraint）：幾つかの変数が同時にとることのできる値に制限を付加するための条件.SCOP では線形制約（線形式の等式，不等式），2 次制約（一般の 2 次式の等式，不等式），相異制約（集合に含まれる変数がすべて異なることを表す制約）

が定義できる.

制約充足問題は, 制約をできるだけ満たすように, 変数に領域の中の1つの値を割り当てることを目的とした問題である.

SCOP では, **重み付き制約充足問題**（weighted constraint satisfaction problem）を対象とする.

ここで「制約の重み」とは, 制約の重要度を表す数値であり, SCOP では正数値もしくは無限大を表す文字列 "inf" を入力する. "inf" を入力した場合には, 制約は**絶対制約**（hard constraint）とよばれ, その逸脱量は優先して最小化される. 重みに正数値を入力した場合には, 制約は**考慮制約**（soft constraint）とよばれ, 制約を逸脱した量に重みを乗じたものの和の合計を最小化する.

すべての変数に領域内の値を割り当てたものを**解**（solution）とよぶ. SCOP では, 単に制約を満たす解を求めるだけでなく, 制約からの逸脱量の重み付き和（ペナルティ）を最小にする解を探索する.

13.2 SCOP が有効なケース

SCOP は組合せ最適化問題に特化したソルバーである. ここでは, 数理最適化や量子計算（無制約2次最適化）より制約最適化が有効になる例を示す.

数理最適化（無制約2次最適化）で組合せ最適化問題を定式化するには, $\{0, 1\}$（もしくは $\{-1, 1\}$）の領域をもつ変数を用いる必要がある. 一方, SCOP が採用している制約最適化では, 任意の集合をとることができる. この差によって SCOP の方が有効になる場合がある.

以下では, 最近コンサルティングをした案件を例として解説する.

5000人の従業員に4000のシフトを割り当てるスケジューリング問題を考える. この問題を数理（無制約2次）最適化で定式化すると, 従業員 i にシフト s を割り当てる2000万個の変数 x_{is} が必要になる. さらに30日分のシフトを作成しようとすると, 既存のソルバーでは計算不能になる.

SCOP では, 従業員 i に対して, シフトを領域とした5000個の変数 X_i を準備する. 30日分のシフトを考慮する際には, 従業員 i の日 d に対するシフトを領域とした15万個の変数 X_{id} を用いれば良い. このように, 問題に対して適切に「領域」を定義することによって, 定式化したときの問題のサイズをコンパクトにすることができる.

また, この種のシフト最適化の実際問題に対しては, 日にまたがるシフトに対する制約が付加されることが多い. たとえば, 4日の連続勤務の後には, 必ず2日連続で休暇を入れるというのが典型的な制約である. このような制約を数理最適化の制約領

域が極度に退化した状態になり，本来なら多項式時間で計算可能な線形最適化でさえ膨大な時間がかかる．

SCOP はメタヒューリスティクスに基づくソルバーであるので，制約領域の構造に左右されることなく，現実的な時間で，現実的な解を算出することができるのである．

13.3 SCOP の基本クラス

SCOP モジュール（scop.py）は，以下のクラスから構成されている．
- モデルクラス Model
- 変数クラス Variable
- 制約クラス Constraint （以下のクラスのスーパークラス）
  - 線形制約クラス Linear
  - 2 次制約クラス Quadratic
  - 相異制約クラス Alldiff

クラス間の関係を以下に示す．

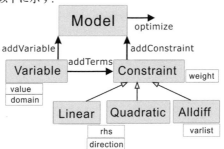

13.4 例題と問題

ここでは，幾つかの簡単な例題を通して SCOP の基本的な使用法を解説する．

以下の例題を動かすためには，最初に以下を追加する必要がある．

```
from scop import *
```

■ 13.4.1　仕事の割当 1

あなたは，土木事務所の親方だ．いま，3 人の作業員 A,B,C を 3 つの仕事 0, 1, 2 に割り当てる必要がある．すべての仕事には 1 人の作業員を割り当てる必要があるが，作業員と仕事には相性があり，割り当てにかかる費用（単位は万円）は，以下のよう

になっているものとする.

仕事 作業員	0	1	2
A	15	20	30
B	7	15	12
C	25	10	13

　総費用を最小にするように作業員に仕事を割り振るには，どのようにしたら良いだろうか？

　この問題を SCOP を使って解いてみよう.

　まず，モデルのインスタンス model を生成し，作業員 A, B, C に割り振られた仕事を表す変数 X_A, X_B, X_C（プログラムでは A,B,C）を定義する. 数理最適化においては変数は数字で表さなければならないが，制約最適化では，変数のとれる値の集合で定義する. これを **領域**（domain）とよぶ. 作業員は仕事 0, 1, 2 のいずれかの仕事をすることができるので，各変数の領域は [0,1,2] となる. 変数の追加は，モデルインスタンス model の addVariable メソッドを用いる.

```
model = Model()
A = model.addVariable(name="A", domain=[0,1,2])
B = model.addVariable(name="B", domain=[0,1,2])
C = model.addVariable(name="C", domain=[0,1,2])
```

　数理最適化でモデリングをすると 9 = (3 × 3) 個の 0-1 変数が必要になるが，SCOPだと 3 個の変数で表現できる.

　すべての仕事に 1 人の作業員を割り当てることを表すには，相異制約を使う.

- 相異制約（Alldiff）: リストに含まれる変数（すべて同じ領域をもつと仮定する）がすべて異なる値をとることを表す.

　Alldiff クラスのインスタンス alldiff を生成し，それを model に追加する. SCOPにおける制約は，すべて逸脱したときのペナルティを weight 引数で定義する. weight引数に無限大を表す inf を入れると，絶対制約（ハードな制約）を定義できる.

```
alldiff = Alldiff("All Diff",[A,B,C],weight="inf")
model.addConstraint(alldiff)
```

　これも数理最適化でモデリングすると，仕事ごとに定義する必要があるので 3 本の制約が必要であるが，SCOP だと相異制約 1 本で表現できる.

　SCOP には目的関数という概念がない. すべて制約で表現し，制約の逸脱ペナルティの合計を最小化する. 割り当て費用は線形制約で記述する.

線形制約は線形不等式（もしくは等式）であり，式として記述する際には，値変数の概念を用いる．値変数とは変数が領域の値をとったときに 1 になる仮想の変数であり，実際のプログラム内では使わない．作業員 A に割り当てられた仕事を表す変数 X_A に対して，値変数 $x_{Aj}(j = 0, 1, 2)$ が定義される．x_{Aj} は，作業員 A が仕事 j に割り当てられたときに 1，それ以外のとき 0 を表す変数である．

これを使うと割り当て費用を表す線形制約は，

$$15x_{A0} + 20x_{A1} + 30x_{A2} + 7x_{B0} + 15x_{B1} + 12x_{B2} + 25x_{C0} + 10x_{C1} + 13x_{C2} \leq 0$$

と書ける．この制約の逸脱ペナルティ weight を 1 に設定すると，制約の逸脱を許す考慮制約（ソフトな制約）となり，逸脱量が割り当て費用になる．

線形制約クラス Linear の右辺定数 rhs を 0，制約の方向を<=と設定してインスタンス linear を生成する．左辺の各項は，addTerms メソッドを用いて追加する．引数は順に，係数のリスト，変数のリスト，値のリストである．

```
linear = Linear(name="Objective Function",weight=1,rhs=0,direction="<=")
linear.addTerms([15,20,30],[A,A,A],[0,1,2])
linear.addTerms([7,15,12],[B,B,B],[0,1,2])
linear.addTerms([25,10,13],[C,C,C],[0,1,2])
model.addConstraint(linear)
```

SCOP のインスタンスは print 関数で表示できる．ここでは上で作成したモデルインスタンス model を表示しておく．model の optimize メソッドで最適化を実行する．返値は解を表す辞書と逸脱した制約を表す辞書である．

```
print(model)
sol, violated = model.optimize()
print("solution=", sol)
print("violated constraint=", violated)
```

プログラム全体を以下に示す．

```
model = Model()
# 変数の宣言
A = model.addVariable(name="A", domain=[0, 1, 2])
B = model.addVariable(name="B", domain=[0, 1, 2])
C = model.addVariable(name="C", domain=[0, 1, 2])

# 相異制約
alldiff = Alldiff("All Diff", [A, B, C], weight="inf")
model.addConstraint(alldiff)

# 目的関数
linear = Linear(name="Objective Function", weight=1, rhs=0, direction="<=")
```

```
linear.addTerms([15, 20, 30], [A, A, A], [0, 1, 2])
linear.addTerms([7, 15, 12], [B, B, B], [0, 1, 2])
linear.addTerms([25, 10, 13], [C, C, C], [0, 1, 2])
model.addConstraint(linear)

print(model)

# 返値は解を表す辞書と逸脱を表す辞書
sol, violated = model.optimize()
print("solution=", sol)
print("violated constraint=", violated)
```

```
Model:
number of variables = 3
number of constraints= 2
variable A:['0', '1', '2'] = None
variable B:['0', '1', '2'] = None
variable C:['0', '1', '2'] = None
All_Diff: weight= inf type=alldiff  B C A ;   :LHS =0
Objective_Function: weight= 1 type=linear 15(A,0) 20(A,1) 30(A,2) 7(B,0) 15(B,1) ↵
12(B,2) 25(C,0) 10(C,1) 13(C,2) <=0 :LHS =0

=============== Now solving the problem ===============

solution= {'A': '0', 'B': '2', 'C': '1'}
violated constraint= {'Objective_Function': 37}
```

■ 13.4.2 仕事の割当 2

あなたは土木事務所の親方だ. 今度は, 5 人の作業員 A, B, C, D, E を 3 つの仕事 0, 1, 2 に割り当てる必要がある. ただし, 各仕事にかかる作業員の最低人数が与えられており, それぞれ 1, 2, 2 人必要であり, 割り当ての際の費用 (単位は万円) は, 以下のようになっているものとする.

仕事 作業員	0	1	2
A	15	20	30
B	7	15	12
C	25	10	13
D	15	18	3
E	5	12	17

さて, 誰にどの仕事を割り振れば費用が最小になるだろうか?

例題 1 では変数を A, B, C と別々に定義したが, ここではより一般的な記述法を示す.

パラメータは例題1と同じようにリストと辞書で準備する.

- W: 作業員の集合. その要素を i とする.
- J: 仕事の集合. その要素を j とする.
- c_{ij}: 作業員 i が仕事 j に割り当てられたときの費用
- LB_j: 仕事 j に必要な人数

```
model=Model()
workers=["A","B","C","D","E"]
Jobs   =[0,1,2]
Cost={ ("A",0):15, ("A",1):20, ("A",2):30,
       ("B",0): 7, ("B",1):15, ("B",2):12,
       ("C",0):25, ("C",1):10, ("C",2):13,
       ("D",0):15, ("D",1):18, ("D",2): 3,
       ("E",0): 5, ("E",1):12, ("E",2):17
       }
LB={0: 1,
    1: 2,
    2: 2
    }
```

変数は辞書 x に保管する.

- X_i: 作業員 i に割り振られた仕事を表す変数. 領域は仕事の集合 J であり, そのうち1つの「値」を選択する.

```
x={}
for i in workers:
    x[i]=model.addVariable(name=i,domain=Jobs)
```

x_{ij} は, X_i が j に割り当てられたときに 1, それ以外のとき 0 を表す変数 (値変数) であり, これを使うと人数の下限制約と割り当て費用は, 以下の線形制約として記述できる.

- 人数下限を表す線形制約 (重み ∞)

$$\sum_{i \in W} x_{ij} \geq LB_j \quad \forall j \in J$$

- 割り当て費用を表す線形制約 (重み 1)

$$\sum_{i \in W, j \in J} c_{ij} x_{ij} \leq 0$$

```
LBC={}
for j in Jobs:
    LBC[j]=Linear(f"LB{j}","inf",LB[j],">=")
    for i in workers:
        LBC[j].addTerms(1,x[i],j)
    model.addConstraint(LBC[j])
```

```
obj=Linear("obj")
for i in workers:
    for j in [0,1,2]:
        obj.addTerms(Cost[i,j],x[i],j)
model.addConstraint(obj)
```

model のパラメータ Params で制限時間 TimeLimit を 1（秒）に設定して最適化する.

プログラム全体を以下に示す.

```
model = Model()
workers = ["A", "B", "C", "D", "E"]
Jobs = [0, 1, 2]
Cost = {
    ("A", 0): 15,
    ("A", 1): 20,
    ("A", 2): 30,
    ("B", 0): 7,
    ("B", 1): 15,
    ("B", 2): 12,
    ("C", 0): 25,
    ("C", 1): 10,
    ("C", 2): 13,
    ("D", 0): 15,
    ("D", 1): 18,
    ("D", 2): 3,
    ("E", 0): 5,
    ("E", 1): 12,
    ("E", 2): 17,
}
LB = {0: 1, 1: 2, 2: 2}
x = {}
for i in workers:
    x[i] = model.addVariable(name=i, domain=Jobs)
LBC = {}
for j in Jobs:
    LBC[j] = Linear(f"LB{j}", "inf", LB[j], ">=")
    for i in workers:
        LBC[j].addTerms(1, x[i], j)
    model.addConstraint(LBC[j])
obj = Linear("obj")
for i in workers:
    for j in [0, 1, 2]:
        obj.addTerms(Cost[i, j], x[i], j)
model.addConstraint(obj)

model.Params.TimeLimit = 1
sol, violated = model.optimize()
```

```
print("solution")
for x in sol:
    print(x, sol[x])
print("violated constraint(s)")
for v in violated:
    print(v, violated[v])
```

```
=============== Now solving the problem ===============

solution
A 1
B 2
C 1
D 2
E 0
violated constraint(s)
obj 50
```

■ 13.4.3 仕事の割当 3

　上の例題と同じ状況で，仕事を割り振ろうとしたところ，作業員 A と C は仲が悪く，一緒に仕事をさせると喧嘩を始めることが判明した．作業員 A と C を同じ仕事に割り振らないようにするには，どうしたら良いだろうか？

　この問題は，追加された作業員 A と C を同じ仕事に割り当てることを禁止する制約を記述するだけで解決できる．ここでは，2 次制約（重みは 100）として記述する．

$$x_{A0}x_{C0} + x_{A1}x_{C1} + x_{A2}x_{C2} = 0$$

作業員 A と C が同じ仕事に割り当てられると左辺は 1 になり，制約を逸脱する．

　線形制約クラスと同様に 2 次制約クラス Quadratic からインスタンス conf を生成する．左辺の項を追加するには，addTerms メソッドを用いる．引数は，最初の変数の係数，変数，値の次に 2 番目の変数の係数，変数，値を入れる．

```
conf=Quadratic("conflict",100,0,"=")
for j in Jobs:
    conf.addTerms(1,x["A"],j,x["C"],j)
model.addConstraint(conf)
```

　数理最適化ソルバーは非凸の 2 次を含む制約や目的関数が苦手であるが，SCOP は通常の制約と同じように解くことができる．

```
model = Model()
workers = ["A", "B", "C", "D", "E"]
```

```
Jobs = [0, 1, 2]
Cost = {
    ("A", 0): 15,
    ("A", 1): 20,
    ("A", 2): 30,
    ("B", 0): 7,
    ("B", 1): 15,
    ("B", 2): 12,
    ("C", 0): 25,
    ("C", 1): 10,
    ("C", 2): 13,
    ("D", 0): 15,
    ("D", 1): 18,
    ("D", 2): 3,
    ("E", 0): 5,
    ("E", 1): 12,
    ("E", 2): 17,
}
LB = {0: 1, 1: 2, 2: 2}
x = {}
for i in workers:
    x[i] = model.addVariable(i, Jobs)
LBC = {}
for j in Jobs:
    LBC[j] = Linear(f"LB{j}", "inf", LB[j], ">=")
    for i in workers:
        LBC[j].addTerms(1, x[i], j)
    model.addConstraint(LBC[j])
obj = Linear("obj", 1, 0, "<=")
for i in workers:
    for j in Jobs:
        obj.addTerms(Cost[i, j], x[i], j)
model.addConstraint(obj)
conf = Quadratic("conflict", 100, 0, "=")
for j in Jobs:
    conf.addTerms(1, x["A"], j, x["C"], j)
model.addConstraint(conf)
model.Params.TimeLimit = 1
sol, violated = model.optimize()
print("solution")
for x in sol:
    print(x, sol[x])
print("violated constraint(s)")
for v in violated:
    print(v, violated[v])
```

```
================ Now solving the problem ================

solution
```

```
A 0
B 2
C 1
D 2
E 1
violated constraint(s)
obj 52
```

■ 13.4.4　魔方陣

　魔方陣とは，$n \times n$ のマス目に 1 から n^2 までの数字を 1 つずつ入れて，どの横行，縦列，対角線のマス目の数字の和も同じになるようにしたものである．

　$n = 3$ の問題を以下の手順で問題を解く．

　1) 各マス目 $(i, j), i = 0, 1, 2, j = 0, 1, 2$ に対して変数 $x[i, j]$ を準備して，その領域を 1 から 9 までの数とする．

　2) 各マス目には異なる数字を入れる必要があるので，すべての変数のリストを入れた相異制約（Alldiff）を追加する．この制約は絶対制約とする．

　3) さらに，各行（$i = 0, 1, 2$）と各列（$j = 0, 1, 2$）に対して，その和がちょうど $15 = (1 + 2 + \cdots + 9)/3$ になるという制約を追加する．これらの制約は考慮制約とし，逸脱の重みは 1 とする．

　4) 最適化を行い，解を表示する．

- 行の集合を I，その要素を i とする．
- 列の集合を J，その要素を j とする．
- X_{ij}: マス目 i, j に割り当てられた数字を表す変数；領域は $[1, 2, 3, 4, 5, 6, 7, 8, 9]$ であり，そのうち 1 つの「値」を選択する．
- x_{ijk}: X_{ij} が k に割り当てられたときに 1，それ以外のとき 0 を表す変数（値変数）

相異制約（重み ∞）；すべてのマス目の数字が異なることを表す．

$$\text{Alldiff} \ (X_{ij}, \quad \forall i \in I, \forall j \in J)$$

線形制約（重み 1）；行ごとの和が 15 であることを表す．

$$\sum_{j \in J} \sum_{k} k x_{ijk} = 15 \quad \forall i \in I$$

線形制約（重み 1）；列ごとの和が 15 であることを表す．

$$\sum_{i \in I} \sum_{k} k x_{ijk} = 15 \quad \forall j \in J$$

線形制約（重み 1）；対角線ごとの和が 15 であることを表す．

$$\sum_{j \in J} \sum_{k} k x_{jjk} = 15$$

$$\sum_{j \in J} \sum_{k} k x_{j,2-j,k} = 15$$

以下に一般の n でも解けるプログラムを示す．ただしトライアル版だと $n = 3$ までしか解くことができない．

```
n = 3
nn = n * n
model = Model()
x = {}
dom = [i + 1 for i in range(nn)]
sum_ = sum(dom) // n
for i in range(n):
    for j in range(n):
        x[i, j] = model.addVariable(name=f"x[{i},{j}]", domain=dom)
alldiff = Alldiff(f"AD", [x[i, j] for i in range(n) for j in range(n)], weight="inf
    ")
model.addConstraint(alldiff)
col_constr = {}
for j in range(n):
    col_constr[j] = Linear(f"col_constraint{j}", weight=1, rhs=sum_, direction="=")
    for i in range(n):
        for k in range(1, nn + 1):
            col_constr[j].addTerms(k, x[i, j], k)
    model.addConstraint(col_constr[j])
row_constr = {}
for i in range(n):
    row_constr[i] = Linear(f"row_constraint{i}", weight=1, rhs=sum_, direction="=")
    for j in range(n):
        for k in range(1, nn + 1):
            row_constr[i].addTerms(k, x[i, j], k)
    model.addConstraint(row_constr[i])
diagonal_constr = {}
diagonal_constr[0] = Linear(
    f"diagonal_constraint{0}", weight=1, rhs=sum_, direction="="
)
for j in range(n):
    for k in range(1, nn + 1):
        diagonal_constr[0].addTerms(k, x[j, j], k)
model.addConstraint(diagonal_constr[0])
diagonal_constr[1] = Linear(
    f"diagonal_constraint{1}", weight=1, rhs=sum_, direction="="
)
for j in range(n):
    for k in range(1, nn + 1):
        diagonal_constr[1].addTerms(k, x[j, n - 1 - j], k)
model.addConstraint(diagonal_constr[1])
```

```
model.Params.TimeLimit = 100
model.Params.RandomSeed = 1
sol, violated = model.optimize()
print("逸脱制約=", violated)
import numpy as np

solution = np.zeros((n, n), int)
for i in range(n):
    for j in range(n):
        solution[i, j] = int(x[i, j].value)
print(solution)
```

```
=============== Now solving the problem ===============

逸脱制約= {}
[[2 9 4]
 [7 5 3]
 [6 1 8]]
```

問題 158 多制約ナップサック

あなたは，ぬいぐるみ専門の泥棒だ．ある晩，あなたは高級ぬいぐるみ店にこっそり忍び込んで，盗む物を選んでいる．狙いはもちろん，マニアの間で高額で取り引きされているクマさん人形だ．クマさん人形は，現在 4 体販売されていて，それらの値段と重さと容積は，以下のリストで与えられている．

```
v=[16,19,23,28]                        #価値
a=[[2,3,4,5],[3000,3500,5100,7200]] #重さと容積
```

あなたは，転売価格の合計が最大になるようにクマさん人形を選んで逃げようと思っているが，あなたが逃走用に愛用しているナップサックはとても古く，7kg より重い荷物を入れると，底がぬけてしまうし，$10000cm^3$（10ℓ）を超えた荷物を入れると破けてしまう．

さて，どのクマさん人形をもって逃げれば良いだろうか？

問題 159 最大安定集合

あなたは 6 人のお友達から何人か選んで一緒にピクニックに行こうと思っている．しかし，グラフ上で隣接している（線で結ばれている）人同士はとても仲が悪く，彼らが一緒にピクニックに行くとせっかくの楽しいピクニックが台無しになってしまう．なるべくたくさんの仲間でピクニックに行くには誰を誘えばいいんだろう？

ただし，グラフの隣接点の情報は以下のリストで与えられているものとする．

```
adj=[[2],[3],[0,3,4,5],[1,2,5],[2],[2,3]]
```

問題 160 グラフ彩色

　今度は，同じお友達のクラス分けで悩んでいる．お友達同士で仲が悪い組は，グラフ上で隣接している．仲が悪いお友達を同じクラスに入れると喧嘩を始めてしまう．なるべく少ないクラスに分けるには，どのようにすればいいんだろう？

　ただし，グラフの隣接点の情報は以下のリストで与えられているものとする．

adj=[[2],[3],[0,3,4,5],[1,2,5],[2],[2,3]]

問題 161 グラフ分割

　今度は，同じ 6 人のお友達を 2 つのチームに分けてミニサッカーをしようとしている．もちろん，公平を期すために，同じ人数になるように 3 人ずつに分ける．ただし，仲が悪いお友達が同じチームになることは極力避けたいと考えている．さて，どのようにチーム分けをしたら良いだろうか？

　ただし，中の悪い同士を表すグラフの隣接点の情報は以下のリストで与えられているものとする．

adj=[[1,4],[0,2,4],[1],[4,5],[0,1,3,5],[3,4]]

問題 162 巡回セールスマン

　あなたは休暇を利用してヨーロッパめぐりをしようと考えている．現在スイスのチューリッヒに宿を構えているあなたの目的は，スペインのマドリッドで闘牛を見ること，イギリスのロンドンでビックベンを見物すること，イタリアのローマでコロシアムを見ること，ドイツのベルリンで本場のビールを飲むことである．

　あなたはレンタルヘリコプターを借りてまわることにしたが，移動距離に比例した高額なレンタル料を支払わなければならない．したがって，あなたはチューリッヒ（T）を出発した後，なるべく短い距離で他の 4 つの都市 マドリッド（M），ロンドン（L），ローマ（R），ベルリン（B）を経由し，再びチューリッヒに帰って来ようと考えた．都市の間の移動距離を測ってみたところ，以下のようになっていることがわかった．

cities=["T","L","M","R","B"]
d=[[0,476,774,434,408],
　　[476,0,784,894,569],
　　[774,784,0,852,1154],
　　[434,894,852,0,569],
　　[408,569,1154,569,0]]

　さて，どのような順序で旅行すれば，移動距離が最小になるだろうか？

問題 163 ビンパッキング

　あなたは，大企業の箱詰め担当部長だ．あなたの仕事は，色々な大きさのものを，決められた大きさの箱に「上手に」詰めることである．この際，使う箱の数をなるべく

少なくすることが，あなたの目標だ．（なぜって，あなたの会社が利用している宅配業者では，運賃は箱の数に比例して決められるから．）1つの箱に詰められる荷物の上限は7kgと決まっており，荷物の重さはのリストは [6,5,4,3,1,2] である．しかも，あなたの会社で扱っている荷物は，どれも重たいものばかりなので，容積は気にする必要はない（すなわち箱の容量は十分と仮定する）．さて，どのように詰めて運んだら良いだろうか？

問題 164 最適化版の 8-クイーン

8×8 のチェス盤に 8 個のクイーンを置くことを考える．チェスのクイーンとは，将棋の飛車と角の両方の動きができる最強の駒である．i 行 j 列に置いたときの費用を $i \times j$ と定義したとき，クイーンがお互いに取り合わないように置く配置の中で，費用の合計が最小になるような配置を求めよ．

問題 165 2 次割当

いま，3 人のお友達が 3 箇所の家に住もうとしている．3 人は毎週何回か重要な打ち合わせをする必要があり，打ち合わせの頻度は，リストのリスト

f = [[0,5,1],[5,0,2],[1,2,0]]

として与えられている．

また，家の間の移動距離もリストのリスト

d = [[0,2,3],[2,0,1],[3,1,0]]

として与えられているものとする．

3 人は打ち合わせのときに移動する距離を最小にするような場所に住むことを希望している．さて，誰をどの家に割り当てたらよいのだろうか？

問題 166 車の投入順決定

コンベア上に一直線に並んだ車の生産ラインを考える．このラインは，幾つかの作業場から構成され，それぞれの作業場では異なる作業が行われる．いま，4 種類の車を同じ生産ラインで製造しており，それぞれをモデル A, B, C, D とする．本日の製造目標は，それぞれ 30, 30, 20, 40 台である．

最初の作業場では，サンルーフの取り付けを行っており，これはモデル B, C だけに必要な作業である．次の作業場では，カーナビの取り付けが行われており，これはモデル A, C だけに必要な作業である．それぞれの作業場は長さをもち，サンルーフ取り付けは車 5 台分，カーナビ取り付けは車 3 台分の長さをもつ．また，作業場には作業員が割り当てられており，サンルーフ取り付けは 3 人，カーナビ取り付けは 2 人の作業員が配置されており，作業場の長さを超えない範囲で別々に作業を行う．

作業場の範囲で作業が可能な車の投入順序を求めよ．

（ヒント：投入順序をうまく決めないと，作業場の範囲内で作業を完了することができない．たとえば，C, A, A, B, C の順で投入すると，サンルーフ取り付けでは，3 人の作業員がそれぞれモデル C, B, C に対する作業を行うので間に合うが，カーナビ取り付けでは，2 人の作業員では C, A, A の 3 台の車の作業を終えることができない）

これは，作業場の容量制約とよばれ，サンルーフ取り付けの作業場では，すべての連続する 5 台の車の中に，モデル B, C が高々 3 つ，カーナビ取り付けの作業場では，すべての連続する 3 台の車の中に，モデル A, C が高々 2 つ入っているという制約を課すことに相当する

問題 167 段取り費用付き生産計画

1 つの生産ラインで a, b の 2 種類の製品を生産している．各期に生産できる製品は 1 つであり，生産はバッチで行われるため生産量は決まっている（辞書 S）．5 期の需要量（辞書 D）を満たすように，生産計画（どの期にどの製品を生産するか）を作りたいのだが，製品の切り替えには段取り費用（辞書 F）がかかる．ただし，生産しないことを表すダミーの製品 0 があるものと仮定し，直前の期では何も生産していなかったものと仮定する．生産すると生産量だけ在庫が増え，毎期需要分だけ在庫が減少する．初期在庫（辞書 I0）を与えたとき，各期の在庫量が上限（辞書 UB）以下，下限（辞書 LB）以上でなければいけないとしたとき，段取り費用の合計を最小にする生産計画をたてよ．

```
S={"0":0,"a":30,"b":50} #S[P,T]：単位生産量
UB={"0":0,"a":50,"b":50} #UB[p,t]：在庫量の上限
LB={"0":0,"a":10,"b":10}  #LB[p]：在庫量の下限
I0={"0":0,"a":10,"b":30} #I0[p]:初期在庫

#D[p,t]：需要量
D={("0",1):0,("0",2):0,("0",3):0,("0",4):0,("0",5):0,
   ("a",1):10,("a",2):10,("a",3):30,("a",4):10,("a",5):10,
   ("b",1):20,("b",2):10,("b",3):20,("b",4):10,("b",5):10}

#F[p,q]：製品p,q間の段取り費用
F={("0","a"):10,("0","b"):10,
   ("a","0"):10,("a","b"):30,
   ("b","0"):10,("b","a"):10}
```

14 スケジューリング最適化ソルバー OptSeq

• スケジューリング最適化ソルバー OptSeq の使用法を解説する.

14.1 はじめに

スケジューリング（scheduling）とは，稀少資源を諸活動へ（時間軸を考慮して）割り振るための方法に対する理論体系である．スケジューリングの応用は，工場内での生産計画，計算機におけるジョブのコントロール，プロジェクトの遂行手順の決定など，様々である．

ここで考えるのは，以下の一般化資源制約付きスケジューリングモデルであり，ほとんどの実際問題をモデル化できるように設計されている．

• 複数の作業モードをもつ作業
• 時刻依存の資源使用可能量上限
• 作業ごとの納期と重み付き納期遅れ和
• 作業の後詰め
• 作業間に定義される一般化された時間制約
• モードごとに定義された時刻依存の資源使用量
• モードの並列処理
• モードの分割処理
• 状態の考慮

OptSeq（オプトシーク）は，一般化スケジューリング問題に対する最適化ソルバーである．スケジューリング問題は，通常の混合整数最適化ソルバーが苦手とするタイプの問題であり，実務における複雑な条件が付加されたスケジューリング問題に対しては，専用の解法が必要となる．OptSeq は，スケジューリング問題に特化した**メタ**

ヒューリスティクス（metaheuristics）を用いることによって，大規模な問題に対しても短時間で良好な解を探索することができるように設計されている.

　このモジュールは，すべて Python で書かれたクラスで構成されている. OptSeq のトライアルバージョンは，`http://logopt.com/optseq/` からダウンロード，もしくは github `https://github.com/mikiokubo/optseqtrial` からクローンできる. また，テクニカルドキュメントは，`https://scmopt.github.io/manual/07optseq.html` にある.

14.2 OptSeq が有効なケース

　OptSeq はスケジューリング最適化に特化したソルバーである. ここでは，数理最適化や量子計算（無制約 2 次最適化）では，実務的なスケジューリング問題を解くことが難しい場合があることを，最近コンサルティングをした案件を例として解説する.

　2000 の作業を 100 台の機械に割り当てるスケジューリング問題を考える. 計画期間は 30 日であり，時間は分単位とする.

　この問題を数理最適化（もしくは無制約 2 次最適化）で組合せ最適化問題として定式化するには，$\{0, 1\}$（もしくは $\{-1, 1\}$）の領域をもつ変数を用いる. 実務で発生する様々な付加条件を表現するためには，作業 i を機械 j に時刻 t に割り当てることを表す変数 x_{ijt} を考えるのが自然である. しかし，30 日分を分単位で計画するには，$2000 \times 100 \times 30 \times 24 \times 60 = 86.4$ 億の変数が必要になる. 当然，既存のソルバーでは計算不能になる.

　一方，OptSeq では作業に対して割り当てる機械を表す 100 のモードを用いるだけで良い. モードは制約最適化の領域として定義されるので，変数の数は作業数の 2000 となる. OptSeq では，時間は任意の単位で表されるので，分単位でも秒単位でも計算量は変わらない.

　OptSeq はメタヒューリスティクスに基づくソルバーであるので，現実的な時間で，現実的な解を算出することができるのである.

14.3 OptSeq モジュール（**optseq.py**）の基本クラス

行うべき仕事（ジョブ，作業，タスク）を**作業**（activity；活動）とよぶ．スケジューリング問題の目的は作業をどのようにして時間軸上に並べて遂行するかを決めることであるが，ここで対象とする問題では作業を処理するための方法が何通りかあって，そのうち 1 つを選択することによって処理するものとする．このような作業の処理方法を**モード**（mode）とよぶ．

納期や納期遅れのペナルティ（重み）は作業ごとに定めるが，作業時間や資源の使用量はモードごとに決めることができる．

作業を遂行するためには**資源**（resource）を必要とする場合がある．資源の使用可能量は時刻ごとに変化しても良いものとする．また，モードごとに定める資源の使用量も作業開始からの経過時間によって変化しても良いものとする．通常，資源は作業完了後には再び使用可能になるものと仮定するが，お金や原材料のように一度使用するとなくなってしまうものも考えられる．そのような資源を**再生不能資源**（nonrenewable resource）とよぶ．

作業間に定義される**時間制約**（time constraint）は，ある作業（先行作業）の処理が終了するまで，別の作業（後続作業）の処理が開始できないことを表す先行制約を一般化したものであり，先行作業の開始（完了）時刻と後続作業の開始（完了）時刻の間に以下の制約があることを規定する．

先行作業の開始（完了）時刻 + 時間ずれ ≦ 後続作業の開始（完了）時刻

ここで，時間ずれは任意の整数値であり負の値も許すものとする．この制約によって，作業の同時開始，最早開始時刻，時間枠などの様々な条件を記述することができる．

OptSeq では，モードを作業時間分の小作業の列と考え，処理の途中中断や並列実行も可能であるとする．その際，中断中の資源使用量や並列作業中の資源使用量も別途定義できるものとする．

また，時刻によって変化させることができる**状態**（state）が準備され，モード開始の状態の制限やモードによる状態の推移を定義できる．

クラス間の関係を以下に示す．

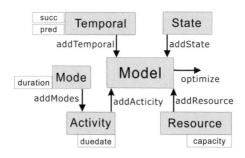

14.4 例題

以下の例題を動かすためには，最初に以下を追加する必要がある．

```
from optseq import *
```

■ 14.4.1 PERT

あなたは航空機会社のコンサルタントだ．あなたの仕事は，着陸した航空機をなるべく早く離陸させるためのスケジュールをたてることだ．航空機は，再び離陸する前に幾つかの作業をこなさなければならない．まず，乗客と荷物を降ろし，次に機内の掃除をし，最後に新しい乗客を搭乗させ，新しい荷物を積み込む．当然のことであるが，乗客を降ろす前に掃除はできず，掃除をした後でないと新しい乗客を入れることはできず，荷物をすべて降ろし終わった後でないと，新しい荷物は積み込むことができない．また，この航空機会社では，乗客用のゲートの都合で，荷物を降ろし終わった後でないと新しい乗客を搭乗させることができないのだ．作業時間は，乗客降ろし 13 分，荷物降ろし 25 分，機内清掃 15 分，新しい乗客の搭乗 27 分，新しい荷物の積み込み 22 分とする．さて，最短で何分で離陸できるだろうか？

これは，**PERT**（Program Evaluation and Review Technique）とよばれるスケジューリング理論の始祖とも言える古典的なモデルである．ちなみに，PERT は，第 2 次世界大戦中における米国海軍のポラリス潜水艦に搭載するミサイルの設計・開発時間の短縮に貢献したことで有名になり，その後オペレーションズ・リサーチの技法の代表格となった．

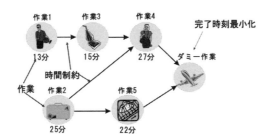

この問題は，資源制約なしのスケジューリングモデルになる．使うのは作業と時間制約だけである．

まず，モデルのインスタンス model を生成する．作業名は 1 から 6 の整数で表し，キーを作業名，値を作業時間とした辞書 duration を準備する．

```
model = Model()
duration = {1: 13, 2: 25, 3: 15, 4: 27, 5: 22}
```

作業には必ず1つ以上のモード（作業の仕方）を定義する必要があるので，各作業に対して1つのモードを定義し，それを作業に追加する．作業とモードはそれぞれ辞書 act と mode に保管するものとする．作業はモデルインスタンス model の addActivity メソッドで追加し，モードはモードクラス Mode から生成してから作業インスタンスに addModes メソッドで追加する．

```
act = {}
mode = {}
for i in duration:
    act[i] = model.addActivity(f"Act[{i}]")
    mode[i] = Mode(f"Mode[{i}]", duration[i])
    act[i].addModes(mode[i])
```

時間制約は model の addTemporal メソッドで定義する．引数は先行する作業のインスタンスと後続する作業のインスタンスである．

```
model.addTemporal(act[1], act[3])
model.addTemporal(act[2], act[4])
model.addTemporal(act[2], act[5])
model.addTemporal(act[3], act[4])
```

モデルが構築できたら，model のパラメータ Params で制限時間 TimeLimit を 1（秒）に設定し，最大完了時刻（メイクスパン）を最小化することを表す Makespan を True に設定する．最後に model の optimize メソッドで最適化を行う．

```
model.Params.TimeLimit = 1
```

```
model.Params.Makespan = True
model.optimize()
```

プログラム全体を以下に示す.

```
model = Model()
duration = {1: 13, 2: 25, 3: 15, 4: 27, 5: 22}
act = {}
mode = {}
for i in duration:
    act[i] = model.addActivity(f"Act[{i}]")
    mode[i] = Mode(f"Mode[{i}]", duration[i])
    act[i].addModes(mode[i])

model.addTemporal(act[1], act[3])
model.addTemporal(act[2], act[4])
model.addTemporal(act[2], act[5])
model.addTemporal(act[3], act[4])

model.Params.TimeLimit = 1
model.Params.Makespan = True
model.optimize()
```

```
=============== Now solving the problem ===============


Solutions:
    source    ---     0      0
      sink    ---    55     55
    Act[1]    ---     0     13
    Act[2]    ---     0     25
    Act[3]    ---    13     28
    Act[4]    ---    28     55
    Act[5]    ---    25     47
```

最短で 55 分で離陸できることが分かる. 結果をガントチャートに示す.

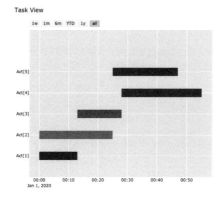

Task View

■ 14.4.2 資源制約付き PERT

あなたは航空機会社のコンサルタントだ．リストラのため作業員の大幅な削減を迫られたあなたは，14.5.1 と同じ問題を 1 人の作業員で行うためのスケジュールを作成しなければならなくなった．作業時間や時間制約は同じであるが，各々の作業は作業員を 1 人占有する（すなわち 2 つの作業を同時にできない）ものとする．どのような順序で作業を行えば，最短で離陸できるだろうか？

この問題は資源制約付きプロジェクトスケジューリング問題とよばれ，*NP*-困難であるが，OptSeq を用いれば容易に解くことができる．

資源制約は model インスタンスの addResource メソッドで定義する．引数は資源名と容量（資源量上限である）．ここでは，1 人の作業員を資源制約として定義する．

```
res=model.addResource("worker",capacity=1)
```

作業はモードごとに使用する資源を定義できる．したがって，モードのインスタンスに対して addResource メソッドで資源を追加する．引数は資源オブジェクトと使用量 requirement であり，ここでは 1 と指定する．

```
for i in duration:
    act[i]=model.addActivity(f"Act[{i}]")
    mode[i]=Mode(f"Mode[{i}]",duration[i])
    mode[i].addResource(res,requirement=1)
    act[i].addModes(mode[i])
```

また，model のパラメータ Params の OutputFlag を True に設定することによって，最適化の詳細ログを出力する．

コード全体は以下のようになる．

```
model=Model()
duration ={1:13, 2:25, 3:15, 4:27, 5:22 }
res=model.addResource("worker",capacity=1)

act={}
mode={}
for i in duration:
    act[i]=model.addActivity(f"Act[{i}]")
    mode[i]=Mode(f"Mode[{i}]",duration[i])
    mode[i].addResource(res,requirement=1)
    act[i].addModes(mode[i])

#temporal (precedense) constraints
model.addTemporal(act[1],act[3])
model.addTemporal(act[2],act[4])
model.addTemporal(act[2],act[5])
model.addTemporal(act[3],act[4])

model.Params.TimeLimit=1
model.Params.OutputFlag=True
model.Params.Makespan=True
model.optimize()
```

```
=============== Now solving the problem ===============


output:
# reading data ... done: 0.00(s)
# random seed: 1
# tabu tenure: 1
# cpu time limit: 1.00(s)
# iteration limit: 1073741823
# computing all-pairs longest paths and strongly connected components ... done
#scc 7
objective value = 102 (cpu time = 0.00(s), iteration = 0)
0: 0.00(s): 102/102

--- best solution ---
source,---, 0 0
sink,---, 102 102
Act[1],---, 47 47--60 60
Act[2],---, 0 0--25 25
Act[3],---, 60 60--75 75
Act[4],---, 75 75--102 102
Act[5],---, 25 25--47 47
--- tardy activity ---
sink: 102
--- resource residuals ---
```

```
worker: [0,102] 0

--- best activity list ---
source ---
Act[2] ---
Act[5] ---
Act[1] ---
Act[3] ---
Act[4] ---
sink ---

objective value = 102
cpu time = 0.00/1.00(s)
iteration = 1/61873


Solutions:
    source   ---    0     0
      sink   ---   102   102
    Act[1]   ---   47    60
    Act[2]   ---    0    25
    Act[3]   ---   60    75
    Act[4]   ---   75   102
    Act[5]   ---   25    47
```

今度は 102 分かかることが分かる．結果をガントチャートに示す．

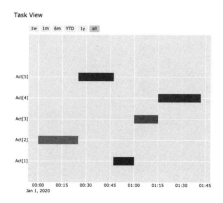

■14.4.3　並列ショップスケジューリング

あなたは F1 のピットクルーだ．F1 レースにとってピットインの時間は貴重であり，ピットインしたレーシングカーに適切な作業を迅速に行い，なるべく早くレースに戻してやることが，あなたの使命である．

- 作業 1： 給油準備（3 秒）
- 作業 2： 飲料水の取り替え （2 秒）
- 作業 3： フロントガラス拭き（2 秒）
- 作業 4： ジャッキで車を持ち上げ（2 秒）
- 作業 5： タイヤ（前輪左側）交換（4 秒）
- 作業 6： タイヤ（前輪右側）交換（4 秒）
- 作業 7： タイヤ（後輪左側）交換（4 秒）
- 作業 8： タイヤ（後輪右側）交換（4 秒）
- 作業 9： 給油（11 秒）
- 作業 10： ジャッキ降ろし（2 秒）

　各作業には，作業時間のほかに，この作業が終わらないと次の作業ができないといったような時間制約がある．作業時間と時間制約は，以下の図のようになっている．

　いま，あなたを含めて 3 人のピットクルーがいて，これらの作業を手分けして行うものとする．作業は途中で中断できないものとすると，なるべく早く最後の作業を完了させるには，誰がどの作業をどういう順番で行えばよいのだろうか？

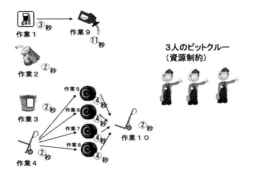

　3 人の作業員に区別がない場合には，容量（資源上限）が 3 の資源 worker を定義すれば良い．

```
res=model.addResource("worker",capacity=3)
```

　後の手順は 14.5.2 と同じである．以下にプログラムを示す．

```
model=Model()
duration ={1:3, 2:2, 3:2, 4:2, 5:4, 6:4, 7:4, 8:4, 9:11, 10:2 }
res=model.addResource("worker",capacity=3)
act={}
mode={}
for i in duration:
    act[i]=model.addActivity(f"Act[{i}]")
    mode[i]=Mode(f"Mode[{i}]", duration[i])
```

```
    mode[i].addResource(res,1)
    act[i].addModes(mode[i])

model.addTemporal(act[1],act[9])
for i in range(5,9):
    model.addTemporal(act[4],act[i])
    model.addTemporal(act[i],act[10])

model.Params.TimeLimit=1
model.Params.Makespan=True
model.optimize()
```

```
=============== Now solving the problem ===============


Solutions:
    source    ---    0    0
      sink    ---   14   14
    Act[1]    ---    0    3
    Act[2]    ---    6    8
    Act[3]    ---    0    2
    Act[4]    ---    0    2
    Act[5]    ---    2    6
    Act[6]    ---    6   10
    Act[7]    ---    2    6
    Act[8]    ---    8   12
    Act[9]    ---    3   14
    Act[10]   ---   12   14
```

最短で 14 分で作業が完了することが分かる．　以下にガントチャートと資源チャートを示す．

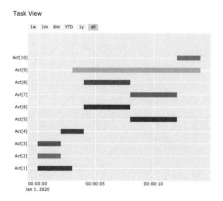

Capacity/Usage

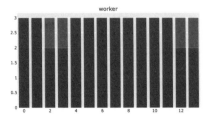

■ 14.4.4　複数モードの利用

上と同じ例題において，作業 1 が以下の 3 つのモード（作業方法）で処理できるものとする．

　1) 1 人の作業員で行い 3 秒かかる．

　2) 2 人の作業員で行い 2 秒かかる．

　3) 3 人の作業員で行い 1 秒かかる．

さて，どのモードを採用し，どのようなスケジュールで作業を行えば，最短で終了するだろうか？

作業 1 に対して 3 つのモードを準備して，モードごとに異なる作業時間 duration と資源の使用量 requirement を設定すれば良い．

```
if i==1:
    mode[1,1]=Mode("Mode[1_1]",duration=3)
    mode[1,1].addResource(res,requirement=1)
    mode[1,2]=Mode("Mode[1_2]",duration=2)
    mode[1,2].addResource(res,requirement=2)
    mode[1,3]=Mode("Mode[1_3]",duration=1)
    mode[1,3].addResource(res,requirement=3)
    act[i].addModes(mode[1,1],mode[1,2],mode[1,3])
```

プログラム全体は以下のように書ける．

```
model=Model()
duration ={1:3, 2:2, 3:2, 4:2, 5:4, 6:4, 7:4, 8:4, 9:11, 10:2 }
res=model.addResource("worker", capacity=3)
act={}
mode={}

for i in duration:
    act[i]=model.addActivity(f"Act[{i}]")
    if i==1:
        mode[1,1]=Mode("Mode[1_1]",duration=3)
```

```
        mode[1,1].addResource(res,requirement=1)
        mode[1,2]=Mode("Mode[1_2]",duration=2)
        mode[1,2].addResource(res,requirement=2)
        mode[1,3]=Mode("Mode[1_3]",duration=1)
        mode[1,3].addResource(res,requirement=3)
        act[i].addModes(mode[1,1],mode[1,2],mode[1,3])
    else:
        mode[i]=Mode(f"Mode[{i}]", duration[i])
        mode[i].addResource(res,1)
        act[i].addModes(mode[i])

model.addTemporal(act[1],act[9])
for i in range(5,9):
    model.addTemporal(act[4],act[i])
    model.addTemporal(act[i],act[10])

model.Params.TimeLimit=1
model.Params.Makespan=True
model.optimize()
```

```
=============== Now solving the problem ===============


Solutions:
    source    ---    0     0
      sink    ---   13    13
    Act[1] Mode[1_3]    0     1
    Act[2]    ---   11    13
    Act[3]    ---    1     3
    Act[4]    ---    1     3
    Act[5]    ---    3     7
    Act[6]    ---    7    11
    Act[7]    ---    7    11
    Act[8]    ---    3     7
    Act[9]    ---    1    12
   Act[10]    ---   11    13
```

　作業1をモード3（3人同時で1秒）で実行することにより，13分に完了時刻を短縮できることが分かる.

■14.4.5　一般化資源制約付きスケジューリング

　あなたは1階建てのお家を造ろうとしている大工さんだ．あなたの仕事は，なるべく早くお家を完成させることだ．お家を造るためには，幾つかの作業をこなさなければならない．まず，土台を造り，1階の壁を組み立て，屋根を取り付け，さらに1階の内装をしなければならない．ただし，土台を造る終える前に1階の建設は開始でき

ず，内装工事も開始できない．また，1 階の壁を作り終える前に屋根の取り付けは開始できない．

　各作業とそれを行うのに必要な時間（単位は日）は，以下のようになっている．
- 土台：2 人の作業員で 1 日
- 1 階の壁：最初の 1 日目は 2 人，その後の 2 日間は 1 人で，合計 3 日
- 内装：1 人の作業員で 2 日
- 屋根：最初の 1 日は 1 人，次の 1 日は 2 人の作業員が必要で，合計 2 日

　いま，作業をする人は，あなたをあわせて 2 人いるが，相棒は作業開始 3 日目に休暇をとっている．さて，最短で何日でお家を造ることができるだろうか？

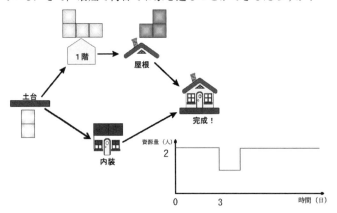

　この例題では，資源の容量（資源量上限）と作業の資源使用量が一定でない（日によって変わる）．

　最初に作業員資源インスタンス worker を capacity 引数を省略して生成する．次に，資源インスタンス res の addCapacity メソッドで開始時刻，終了時刻，容量を入力する．

```
res=model.addResource("worker")
res.addCapacity(0,2,2)
res.addCapacity(2,3,1)
res.addCapacity(3,"inf",2)
```

　これで時刻ごとに異なる資源の容量が定義できた．実は資源容量は内部的には，辞書で保管されている．資源インスタンス res の capacity 属性を出力すると，以下のようになる．

```
print(res.capacity)
```

{(0, 2): 2, (2, 3): 1, (3, "inf"): 2}

　したがって，資源インスタンスを生成する際に capacity 引数で上の辞書を与えて
も同じである．

　作業モードごとの資源の必要量を入力するには，辞書を用いる．作業ごとに必要量を
表す辞書を準備し，モードインスタンスの addResource メソッドの requirement 引
数に準備した辞書を渡すことによって，時刻によって異なる資源必要量が定義できる．

```
req={}
req[1]={(0,1):2}
req[2]={(0,1):2, (1,3):1}
req[3]={(0,2):1}
req[4]={(0,1):1, (1,2):2 }

act={}
mode={}
for i in duration:
    act[i]=model.addActivity(f"Act[{i}]")
    mode[i]=Mode(f"Mode[{i}]", duration[i])
    mode[i].addResource(res,requirement=req[i])
    act[i].addModes(mode[i])
```

　プログラム全体を以下に示す．

```
model=Model()
duration ={1:1,2:3,3:2,4:2}

#res=model.addResource("worker", capacity = {(0,2):2, (2,3):1, (3,"inf"): 2} )
res=model.addResource("worker")
res.addCapacity(0,2,2)
res.addCapacity(2,3,1)
res.addCapacity(3,"inf",2)

req={}
req[1]={(0,1):2 }
req[2]={(0,1):2 ,(1,3):1}
req[3]={(0,2):1 }
req[4]={(0,1):1,(1,2):2 }

act={}
mode={}
for i in duration:
    act[i]=model.addActivity(f"Act[{i}]")
    mode[i]=Mode(f"Mode[{i}]", duration[i])
    mode[i].addResource(res,requirement=req[i])
    act[i].addModes(mode[i])

model.addTemporal(act[1],act[2])
model.addTemporal(act[1],act[3])
model.addTemporal(act[2],act[4])
```

```
model.Params.TimeLimit=1
model.Params.Makespan=True
model.optimize()
```

```
============== Now solving the problem ==============


Solutions:
    source    ---    0    0
      sink    ---    6    6
    Act[1]    ---    0    1
    Act[2]    ---    1    4
    Act[3]    ---    3    5
    Act[4]    ---    4    6
```

■ 14.4.6　納期遅れ最小化スケジューリング

　あなたは売れっ子連載作家だ. あなたは, A, B, C, D の 4 社から原稿を依頼されており, それぞれどんなに急いで書いても 1 日, 2 日, 3 日, 4 日かかるものと思われる. 各社に約束した納期は, それぞれ 5 日後, 9 日後, 6 日後, 4 日後であり, 納期から 1 日遅れるごとに 1 万円の遅延ペナルティを払わなければならない.

　どのような順番で原稿を書けば, 支払うペナルティ料の合計を最小にできるだろうか？

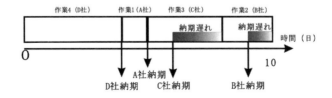

　今までの例では, すべて最大完了時刻 (メイクスパン) を最小化していた. ここでは, 作業ごとに決められた納期からの遅れの和を最小化することを考える.

　各社の仕事を 1, 2, 3, 4 とし, その作業時間を duration, 納期を due に保管しておく. 作業を追加するための addActivity メソッドの duedate 引数で納期を表す 0 以上の整数値 (もしくは無限大を表す文字列"inf") を指定する. また, 引数 weight で納期遅れに対する重みを設定できる. 重み weight の既定値は 1 であるので省略しても良い. 作業によって納期遅れのペナルティが異なる場合には, この引数を用いる.

```
duration={1:1, 2:2, 3:3, 4:4}
due={1:5,2:9,3:6,4:4}
```

```
for i in duration:
    act[i]=model.addActivity(f"Act[{i}]", duedate=due[i], weight=1)
```

さらに model のパラメータ Params で最大完了時刻を最小化することを表す Makespan を False に設定する（既定値は False であるので省略しても良い）.

プログラム全体を以下に示す.

```
model=Model()
due={1:5,2:9,3:6,4:4}
duration={1:1, 2:2, 3:3, 4:4 }

res=model.addResource("writer")
res.addCapacity(0, "inf", 1)

act={}
mode={}

for i in duration:
    act[i]=model.addActivity(f"Act[{i}]", duedate=due[i], weight=1)
    mode[i]=Mode(f"Mode[{i}]", duration[i])
    mode[i].addResource(res,1)
    act[i].addModes(mode[i])

model.Params.TimeLimit=1
model.Params.Makespan=False
model.optimize()
```

```
============== Now solving the problem ==============


Solutions:
    source    ---     0     0
      sink    ---    10    10
    Act[1]    ---     4     5
    Act[2]    ---     8    10
    Act[3]    ---     5     8
    Act[4]    ---     0     4
```

■14.4.7 クリティカルパス法（再生不能資源の使用法）

あなたは，航空機会社のコンサルタントだ．今度は，作業時間の短縮を要求されている（ただし，資源制約（人の制限）はないものとする）．いま，航空機の離陸の前にする作業の時間が，費用をかけることによって短縮でき，各作業の標準時間，新設備導入によって短縮したときの時間，ならびにそのときに必要な費用は，以下のように推定されているものとする.

- 作業 1: 乗客降ろし 13 分. 10 分に短縮可能で, 1 万円必要
- 作業 2: 荷物降ろし 25 分. 20 分に短縮可能で, 1 万円必要
- 作業 3: 機内清掃 15 分. 10 分に短縮可能で, 1 万円必要
- 作業 4: 新しい乗客の搭乗 27 分. 25 分に短縮可能で, 1 万円必要
- 作業 5: 新しい荷物積み込み 22 分. 20 分に短縮可能で, 1 万円必要

さて, いくら費用をかけると, どのくらい離陸時刻を短縮することができるだろうか?

これは, **クリティカルパス法** (Critical Path Method; CPM) とよばれる古典的な問題である. CPM は, 作業時間を費用 (お金) をかけることによって短縮できるという仮定のもとで, 費用と作業完了時刻のトレードオフ曲線を求めることを目的とした PERT の変形で, 資源制約がないときには効率的な解法が古くから知られているが, 資源制約がつくと困難な問題になる. ここでは, この問題が「モード」と「再生不能資源」を用いて, OptSeq でモデル化できることを示す.

作業は通常の作業時間と短縮時の作業時間をもつが, これは作業に付随するモードで表現することができる. 問題となるのは, 作業時間を短縮したときには, 費用がかかるという部分である. 費用は資源の一種と考えられるが, いままで考えていた資源とは異なる種類の資源である.

いままで考えていた資源は, 機械や人のように, 作業中は使用されるが, 作業が終了すると, 再び別の作業で使うことができるようになる. このような, 作業完了後に再び使用可能になる資源を, **再生可能資源** (renewable resource) とよぶ. 一方, 費用 (お金) や原材料のように, 一度使うとなくなってしまう資源を, **再生不能資源** (nonrenewable resource) とよぶ.

CPM の例題に対して, 再生不能資源 (お金) の上限を色々変えて最短時間を求める. まず, 各々の作業に対して, 通常の作業時間をもつ場合と, 短縮された作業時間をもつ場合の 2 つのモードを追加し, さらに短縮モードを用いた場合には, 再生不能資源を 1 単位使用するという条件を付加する.

再生不能資源は, model インスタンスの addResoure メソッドで追加できる. このとき, 右辺定数 rhs と制約の方向 direction を定義する必要がある. 左辺の項は再生不能資源インスタンス res の addTerms メソッドで追加する. 引数は順に, 係数, 作業インスタンス, モードインスタンスである.

```
res=model.addResource("money",rhs=5,direction="<=")

for i in Jobs:
    res.addTerms(1,act[i],mode[i,2])
```

　再生不能資源は制約最適化ソルバー SCOP の線形制約と同じ構造で入力する．これは，OptSeq が SCOP を利用して最適化しているためである．再生不能資源とは，作業を変数，モードを変数のとる値とした制約最適化の線形制約に他ならない．

　プログラム全体を以下に示す．

```
model=Model()
Jobs=[1,2,3,4,5]
durationA = {1:13, 2:25, 3:15, 4:27, 5:22 }
durationB = {1:10, 2:20, 3:10, 4:25, 5:20 }

act={}
mode={}
for i in Jobs:
    mode[i,1]=Mode(f"Mode[{i}][1]",durationA[i])
    mode[i,2]=Mode(f"Mode[{i}][2]",durationB[i])
    act[i]=model.addActivity(f"Act[{i}]")
    act[i].addModes(mode[i,1],mode[i,2])

res=model.addResource("money",rhs=5,direction="<=")

for i in Jobs:
    res.addTerms(1,act[i],mode[i,2])

model.addTemporal(act[1],act[3])
model.addTemporal(act[2],act[4])
model.addTemporal(act[2],act[5])
model.addTemporal(act[3],act[4])

model.Params.TimeLimit=1
model.Params.Makespan=True
model.optimize()
```

```
=============== Now solving the problem ===============


Solutions:
    source   ---    0     0
      sink   ---   45    45
   Act[1] Mode[1][2]     0    10
   Act[2] Mode[2][2]     0    20
   Act[3] Mode[3][2]    10    20
   Act[4] Mode[4][2]    20    45
   Act[5] Mode[5][2]    20    40
```

■ 14.4.8　時間制約

　OptSeq では，完了後に開始できるという通常の時間制約の他に，様々なタイプの時

間制約を定義できる．この一般化された時間制約を用いることによって，実際問題で発生する様々な付加条件をモデル化することができる．

一般化した時間制約の適用例として，例題 1 に以下のような時間制約を追加することを考える．

1) 作業 3 と作業 5 の開始時刻が一致しなければならない．
2) 作業 5 の開始時刻は，（開始時刻を 0 としたとき）ちょうど 50 分でなければならない．
3) 作業 2 は作業 1 の終了後 5 分～10 分の間に開始しなければならない．

時間制約には以下の引数を定義することができる．

- type: 時間制約のタイプを表す文字列であり，"SS"（開始-開始），"SC"（開始-完了），"CS"（完了-開始），"CC"（完了-完了）のいずれかを指定する．既定値は "CS"（開始，完了）
- delay: 時間制約の時間ずれを表す整数値である．既定値は 0

作業 3 と作業 5 の開始時刻を一致させるためには，制約タイプを "SS"（開始-開始の関係），時間ずれを 0 と設定した 2 本の制約「作業 3 の開始時刻 ≤ 作業 5 の開始時刻」，「作業 5 の開始時刻 ≤ 作業 3 の開始時刻」を追加すれば良い．

```
model.addTemporal(act[3],act[5],"SS",0)
model.addTemporal(act[5],act[3],"SS",0)
```

作業の開始時間の固定も，同様である．OptSeq では，すべての作業に先行するダミーの作業 source が準備されている．この作業は必ず時刻 0 に処理されるので，開始時刻に相当する時間ずれをもつ時間制約を 2 本追加することによって，開始時刻を固定することができる．

作業 5 の開始時刻を 50 分に固定するには，

```
model.addTemporal("source", act[5],"SS",delay=50)
model.addTemporal(act[5], "source","SS",delay=-50)
```

と 2 本の時間制約を追加する．

作業 2 は作業 1 の終了後 5 分～10 分の間に開始しなければならないことを表すには，以下の 2 本の時間制約を使う．

- 作業 1 の完了後に時間遅れ 5 で作業 2 が開始できる．
- 作業 2 の開始後に時間遅れ –10 で作業 1 が完了できる．

```
model.addTemporal(act[1],act[2],"CS",5)
model.addTemporal(act[2],act[1],"SC",-10)
```

上のプログラムを追加したコード全体は以下のようになる．

```
model=Model()
```

```
durationA = {1:13, 2:25, 3:15, 4:27, 5:22 }

act={}
mode={}

for i in durationA:
    act[i]=model.addActivity(f"Act[{i}]")
    mode[i]=Mode(f"Mode[{i}]", durationA[i])
    act[i].addModes(mode[i])

model.addTemporal(act[1],act[3])
model.addTemporal(act[2],act[4])
model.addTemporal(act[2],act[5])
model.addTemporal(act[3],act[4])

#作業3と作業5の開始時刻が一致しなければならない
model.addTemporal(act[3],act[5],"SS",0)
model.addTemporal(act[5],act[3],"SS",0)

#作業5の開始時刻を　50 分に固定
model.addTemporal("source",act[5],"SS",delay=50)
model.addTemporal(act[5],"source","SS",delay=-50)

#作業2は作業1の終了後5分～10分の間に開始しなければならない
model.addTemporal(act[1],act[2],"CS",5)
model.addTemporal(act[2],act[1],"SC",-10)

model.Params.TimeLimit=1
model.Params.Makespan=True
model.optimize()
```

```
============== Now solving the problem ===============


Solutions:
    source   ---    0     0
      sink   ---   92    92
    Act[1]   ---    0    13
    Act[2]   ---   18    43
    Act[3]   ---   50    65
    Act[4]   ---   65    92
    Act[5]   ---   50    72
```

■ 14.4.9　作業の途中中断

多くの実際の現場では，緊急の作業が入ってくると，いま行っている作業を途中で中断して，別の（緊急で行わなければならない）作業を行った後に，再び中断していた

作業を途中から行うことがある．このように，途中で作業を中断しても，再び（一から作業をやり直すのではなく）途中から作業を続行することを「作業の途中中断」とよぶ．

OptSeq では，これを作業を分割して処理することによって表現する．たとえば，作業時間が 3 時間の作業があったとする．途中中断可能な場合には，時間の基本単位を 1 時間としたとき，この作業は，1 時間の作業時間をもつ 3 つの小作業に分割して処理される．

しかし，実際問題では，中断可能なタイミングが限られている場合もある．たとえば，料理をするときに，材料を切ったり，混ぜたりするときには，途中で中断することも可能だが，いったんオーブンレンジに入れたら，途中でとめたりすることはできない．

OptSeq では作業のモードに対して，区間ごとの最大中断可能時間を設定することによって，様々な作業の**中断**（break）を表現する．

モードの途中中断は，

addBreak(区間の開始時刻,区間の終了時刻,最大中断時間)

を用いて追加する．

たとえば， 14.5.6 の納期遅れ最小化問題において，いつでも最大 1 日だけ中断できる場合は，

```
mode[i].addBreak(0,"inf",1)
```

とし，作業開始の 1 日後までなら 1 日だけ中断できる場合は，

```
mode[i].addBreak(0,1,1)
```

とすれば良い．

また，段取りを伴う生産現場においては，中断の途中で他の作業を行うことが禁止されている場合がある．これは，中断中に異なる作業を行うと，再び段取りなどの処理を行う必要があるため，作業を一からやり直さなければならないからである．これは，作業の中断中でも資源を使い続けていると表現することによって回避することができる．

中断中に資源を使用する場合も，通常の資源を追加するのと同様に **addResource** メソッドに "break" を追加する．

addResource(資源,{(区間):資源使用量},"break")

14.5.6 において作家が執筆中に休暇をとることができない場合には，

```
mode[i].addResource(res,1,"break")
```

とする.

14.5.6 で, すべての作業がいつでも最大 1 日だけ中断できる場合を考える. ただし, 作家は 4 日目と 7 日目と 11 日目に休暇をとるものとする.

中断中に資源を使わない場合と, 使う場合のプログラムを以下に示す.

```
model=Model()

due={1:5,2:9,3:6,4:4}
duration={1:1, 2:2, 3:3, 4:4 }

res=model.addResource("writer")
res.addCapacity(0,3,1)
res.addCapacity(4,6,1)
res.addCapacity(7,10,1)
res.addCapacity(11,"inf",1)

act={}
mode={}

for i in duration:
    act[i]=model.addActivity(f"Act[{i}]",duedate=due[i])
    mode[i]=Mode(f"Mode[{i}]",duration[i])
    mode[i].addResource(res,1)
    mode[i].addBreak(0,"inf",1)
    #mode[i].addBreak(0,1,1) #開始後1日までしか中断を入れられない合はここを生かす.
    #mode[i].addResource(res,1,"break") #中断中も資源を使う場合にはここを生かす.
    act[i].addModes(mode[i])

model.Params.TimeLimit=1
model.Params.OutputFlag=True
model.Params.Makespan=False
model.optimize()
```

```
=============== Now solving the problem ===============


output:
# reading data ... done: 0.00(s)
# random seed: 1
# tabu tenure: 1
# cpu time limit: 1.00(s)
# iteration limit: 1073741823
# computing all-pairs longest paths and strongly connected components ... done
#scc 6
objective value = 13 (cpu time = 0.00(s), iteration = 0)
0: 0.00(s): 13/13
objective value = 10 (cpu time = 0.00(s), iteration = 1)
objective value = 9 (cpu time = 0.00(s), iteration = 2)
```

```
--- best solution ---
source,---, 0 0
sink,---, 13 13
Act[1],---, 0 0--1 1
Act[2],---, 6 7--9 9
Act[3],---, 8 9--10 11--13 13
Act[4],---, 0 1--3 4--6 6
--- tardy activity ---
Act[3]: 7
Act[4]: 2
--- resource residuals ---
writer: [0,13] 0

--- best activity list ---
source ---
Act[1] ---
Act[4] ---
Act[2] ---
Act[3] ---
sink ---

objective value = 9
cpu time = 0.00/1.00(s)
iteration = 3/45874


Solutions:
    source    ---      0      0
      sink    ---     13     13
    Act[1]    ---      0      1
    Act[2]    ---      6      9
    Act[3]    ---      8     13
    Act[4]    ---      0      6
```

　結果のログに

```
Act[3],---, 8 9--10 11--13 13
Act[4],---, 0 1--3 4--6 6
```

とあるので，作業3と作業4は途中中断しており，作業3は9日から10日までと11日から13日に，作業4は1日から3日と4日から6日に分割して処理されていることが分かる．

　また，作業が行われている時間の情報は，作業インスタンスの **execute** 属性に辞書として保管されているので，以下のコードで確認することもできる．

```
for i in act:
    print(i, act[i].execute) # (開始時刻,終了時刻): 並列数
```

```
1 {(0, 1): 1}
2 {(7, 9): 1}
3 {(9, 10): 1, (11, 13): 1}
4 {(1, 3): 1, (4, 6): 1}
```

■ 14.4.10　作業の並列実行

　14.5.4 の並列ショップスケジューリング問題の拡張では，複数の機械（作業員）によって作業時間が短縮されることを，複数のモードを用いることによって表現していた．ここでは，複数資源による作業の並列処理を，より簡単に表現するための方法を紹介する．

　作業の途中中断と同じように，作業を単位時間の作業時間をもつ小作業に分解して考える．いま，資源使用量の上限が1より大きいとき，分解された小作業は，並列して処理できるものとする．ただし実際問題においては，無制限に並列処理ができない場合もある．OptSeq では，これを最大並列数とよばれるパラメータを用いて表現する．

　並列処理は，作業モードに対する **addParallel** メソッドを用いて定義される．書式は，

addParallel(**開始小作業番号**,**終了小作業番号**,**最大並列数**)

である．

　たとえば，

```
mode.addParallel(1,1,3)
mode.addParallel(2,3,2)
```

は，最初の小作業は最大3個，2番目と3番目の小作業は最大2個の小作業を並列処理可能であることを意味する．

　並列実行中に資源を使用する量は，標準（省略するか引数が None）だと，各資源の資源使用量の総和になる．総和でなく，並列実行中の資源の「最大量」を指定したい場合には，以下のように **addResource** メソッドの引数に "max" を追加する．

addResource(**資源**,{**(区間)**:**資源使用量**},"max")

　14.5.3 の並列ショップスケジューリング問題において，給油作業（作業時間3秒）を，最初の（1番目の）小作業を最大3個並列可能とした場合を考える．資源使用量を総和としたときと，最大量としたときのプログラムを以下に示す．

```
model=Model()
duration ={1:3, 2:2, 3:2, 4:2, 5:4, 6:4, 7:4, 8:4, 9:11, 10:2 }

res=model.addResource("worker")
res.addCapacity(0,"inf",3)
```

```
act={}
mode={}

for i in duration:
    act[i]=model.addActivity(f"Act[{i}]")

    if i==1:
        mode[i]=Mode(f"Mode[{i}]", duration[i])
        mode[i].addParallel(1,1,3)
        mode[i].addResource(res,1)          #並列実行中の資源量が各作業の使用量の
    総和のときはこちらを生かす
        #mode[i].addResource(res,1,"max") #並列実行中で使用する資源量が最大1のとき
    はこちらを生かす
    else:
        mode[i]=Mode(f"Mode[{i}]", duration[i])
        mode[i].addResource(res,1)
    act[i].addModes(mode[i])

model.addTemporal(act[1],act[9])
for i in range(5,9):
    model.addTemporal(act[4],act[i])
    model.addTemporal(act[i],act[10])

model.Params.TimeLimit=1
model.Params.OutputFlag=True
model.Params.Makespan=True
model.optimize()
```

```
=============== Now solving the problem ===============


output:
# reading data ... done: 0.00(s)
# random seed: 1
# tabu tenure: 1
# cpu time limit: 1.00(s)
# iteration limit: 1073741823
WARNING: maxNumParallel modified (Mode[1])
        interval 2 2 max 2
# computing all-pairs longest paths and strongly connected components ... done
#scc 12
objective value = 15 (cpu time = 0.00(s), iteration = 0)
0: 0.00(s): 15/15
objective value = 13 (cpu time = 0.00(s), iteration = 1)

--- best solution ---
source,---, 0 0
sink,---, 13 13
Act[1],---, 0 0--1[2] 1--2 2
```

```
Act[2],---, 11 11--13 13
Act[3],---, 0 0--2 2
Act[4],---, 1 1--3 3
Act[5],---, 3 3--7 7
Act[6],---, 7 7--11 11
Act[7],---, 3 3--7 7
Act[8],---, 7 7--11 11
Act[9],---, 2 2--13 13
Act[10],---, 11 11--13 13
--- tardy activity ---
sink: 13
--- resource residuals ---
worker: [0,2] 0 [2,3] 1 [3,13] 0

--- best activity list ---
source ---
Act[3] ---
Act[1] ---
Act[9] ---
Act[4] ---
Act[5] ---
Act[7] ---
Act[6] ---
Act[8] ---
Act[2] ---
Act[10] ---
sink ---

objective value = 13
cpu time = 0.00/1.00(s)
iteration = 2/14962


Solutions:
    source    ---    0    0
      sink    ---   13   13
    Act[1]    ---    0    2
    Act[2]    ---   11   13
    Act[3]    ---    0    2
    Act[4]    ---    1    3
    Act[5]    ---    3    7
    Act[6]    ---    7   11
    Act[7]    ---    3    7
    Act[8]    ---    7   11
    Act[9]    ---    2   13
   Act[10]    ---   11   13
```

結果のログに

```
Act[1],---, 0 0--1[2] 1--2 2
```

とあるので，作業 1 は最初の 1 秒は 2 人で並列に実行し，2 秒目は 1 人で実行していることが分かる．

　また，作業が行われている時間の情報は，作業インスタンスの execute 属性に辞書として保管されているので，以下のコードで確認することもできる．

```
for i in act:
    print(i, act[i].execute) # (開始時刻,終了時刻)：並列数
```

```
1 {(0, 1): 2, (1, 2): 1}
2 {(11, 13): 1}
3 {(0, 2): 1}
4 {(1, 3): 1}
5 {(3, 7): 1}
6 {(7, 11): 1}
7 {(3, 7): 1}
8 {(7, 11): 1}
9 {(2, 13): 1}
10 {(11, 13): 1}
```

　以上，例題を用いて OptSeq の基本的な使用法を解説した．OptSeq には，他にも様々な機能があり，工夫次第でほとんどの実際のスケジューリング問題を解決できる．詳細については，テクニカルドキュメント https://scmopt.github.io/manual/07optseq.html を参照されたい．

問題 168 楽観値と悲観値

　以下ような作業に対して，問いに答えよ．

作業名	先行作業	楽観値	平均値	悲観値
A	なし	1	2	3
B	なし	2	3	4
C	A	1	2	3
D	B	2	4	6
E	C	1	4	7
F	C	1	2	3
G	D,E	3	4	5
H	F,G	1	2	3

1) 作業時間の楽観値に対して作業 H が完了する最早時刻を求めよ．

2) 作業時間の平均値に対して作業 H が完了する最早時刻を求めよ．

3) 作業時間の悲観値に対して作業 H が完了する最早時刻を求めよ．

4) 作業時間が楽観値と悲観値の間の一様分布と仮定したときの，作業 H が完了する最早時刻の分布を matplotlib を用いて描け．

問題 169 並列ショップ（改）

14.5.3 の並列ショップスケジューリングの例題に対して，以下のような変更を行ったときのスケジュールを求めよ．

1) 作業員 4 人で作業を行うとした場合

2) 作業間の時間制約をなくしたと仮定した場合

3) 作業時間をすべて 1 秒短縮したと仮定した場合

問題 170 お家を造ろう（改）

14.5.5 の資源制約付きスケジューリングの例題に対して，2 階を建てる作業（作業時間は 2 人で 2 日）と，2 階の内装を行う作業（作業時間は 1 人で 2 日）を追加した場合のスケジュールを求めよ．ただし，2 階を建てる作業は，1 階の壁を取り付けた後でないと開始できず，屋根の取り付けと 2 階の内装は，2 階を建てた後でないと開始できないものと仮定する．

問題 171 クリティカルパス法（改）

14.5.7 で，作業時間と短縮したときの費用が，以下のように設定されている場合を考え，予算が 0 から 4 万円に変化したときの最早完了時刻を求めよ．

- 作業 1：乗客降ろし 13 分．12 分に短縮可能で，1 万円必要．11 分に短縮するには，さらに 1 万円必要．

- 作業 2：荷物降ろし 25 分．23 分に短縮可能で，1 万円必要．21 分に短縮するには，さらに 1 万円必要．

- 作業 3：機内清掃 15 分．13 分に短縮可能で，1 万円必要．11 分に短縮するには，さらに 1 万円必要．

- 作業 4：新しい乗客の搭乗 27 分．26 分に短縮可能で，1 万円必要．25 分に短縮するには，さらに 1 万円必要．

- 作業 5：新しい荷物の積み込み 22 分．21 分に短縮可能で，1 万円必要．20 分に短縮するには，さらに 1 万円必要．

問題 172 重み付き納期遅れ和

あなたは 6 つの異なる得意先から製品の製造を依頼された製造部長だ．製品の製造は特注であり，それぞれ 1, 4, 2, 3, 1, 4 日の製造日数がかかる．ただし，製品の製造に必要な材料の到着する日は，それぞれ 4, 0, 2, 4, 1, 5 日後と決まっている．得意先には上得意とそうでないものが混在しており，それぞれの重要度は 3, 1, 2, 3, 1, 2 と推定されている．製品が完成する日数に重みを乗じたものの和をなるべく小さくするように社長に命令されているが，さてどのような順序で製品を製造したら良いのだろう？

問題 173 途中中断と並列処理

14.5.3 の並列ショップスケジューリングに対して，以下のような変更を行ったとき

のスケジュールを求めよ.

　1) すべての作業が途中中断可能と仮定した場合

　2) すべての作業が並列処理可能と仮定した場合

問題 174 日本食レストラン

　あなたは日本食レストランのオーナーだ. あなたは, 明日の元旦に向けて, 3 人の
お客様に特製おせち料理を出さなければならない. この特製おせちは, 3 人の料理人
の流れ作業によって作られる. 最初の料理人は包丁担当で, これは彼ならではのテク
ニックで材料を切り刻む. 2 番目の料理人は煮込み担当で, 3 番目の料理人は飾り付け
担当だ. 当然, 流れ作業なので, 切りの後に煮込み, 煮込みの後に飾り付けが行われ,
作業の途中中断はできないものと仮定する. それぞれの工程の作業時間は, 以下のよ
うになっている. さて, どのようにしたらなるべく早く料理を終えることができるだ
ろうか？

お客さんの番号	1	2	3
包丁担当の作業時間	2	4	1
煮込み担当の作業時間	3	2	4
飾り付け担当の作業時間	1	3	1

問題の解答

第9章

91

最適解 (0,0) から離れると，単体法も BFGS（準ニュートン法）は他の局所的最適解で停滞するようになる．BFGS の方が最適解に到達する可能性が高い．

92

```
from scipy.optimize import minimize
f  = lambda x: x[0]**2 +x[0]*x[1]+x[1]**2
x0 = np.array([1.,1.])
res = minimize(f, x0, method="CG" )
print(res)
```

93

```
from scipy.optimize import minimize
f = lambda x: np.sqrt(x[0]**2 + x[1]**2 )
x0 = np.array([1.,1.])
res = minimize(f, x0, method="Nelder-Mead" )
print(res)
res = minimize(f, x0, method="BFGS" )
print(res)
```

94

```
from scipy.optimize import minimize

f = lambda x: x[0] ** 3 - 3 * x[0] * x[1] + x[1] ↩
    ** 3
x0 = np.array([1.0, 1.0])
res = minimize(f, x0, method="BFGS")
print(res)
```

95

```
from scipy.optimize import minimize
import numpy as np
f  = lambda x: -(10-x)*(50+2*x)
x0 = np.array([-1.])
res = minimize(f, x0, method="BFGS" )
print(res)
```

96

```
f = lambda x: 1000/x + 50*x
x0 = np.array([5.])
res = minimize(f, x0, method="BFGS" )
```

97

放物線と(10,0)の間の距離を自分で計算しておき，それを制約なしで最小化する

```
from scipy.optimize import minimize
# (x-10)^2 + y^2 = (x-10)^2 + (x^2+10)^2 => ↩
    minimize
res = minimize(lambda x: x**4 +21*x**2-20*x+200, ↩
    0., method="BFGS")
res
```

別解： 放物線を等式制約とし，(10,0) との間の距離を最小化する

```
con ={"type": "eq", "fun": lambda x: x[0]**2+10-x↩
    [1] }
res = minimize(fun=lambda x: (x[0]-10)**2+(x↩
    [1]-0)**2, x0=[1.,1.], method="SLSQP",↩
    constraints=con)
res
```

98

```
f = lambda x: x[0]**2+x[1]**2+x[2]**2
con = {"type": "eq", "fun": lambda x:  2*x[0]**2↩
    + x[1]**2 +x[2]**2 -1000. }
res = minimize(fun=f, x0=[1.,1.,1.], method="↩
    SLSQP",constraints=con)
res
```

99

```
def f(x):
return -x[0]*x[1]*x[2] #maximize

def g(x):
return x[0]*x[1]*x[2] #minimize

con = {"type": "eq", "fun": lambda x:  x[0]*x[1]↩
    + x[0]*x[2] +x[1]*x[2]-50 }
res = minimize(fun=f, x0=[1.,1.,1.], method="↩
    SLSQP",constraints=con, bounds = ↩
    ((0.00001, None), (0.00001, None),(0.0001,↩
    None)))
res
```

100

```
x=[24,60,1,23,84,15,62]
y=[54,63,84,100,48,64,74]
w=[2,1,2,3,4,5,4]
```

```
def f(X):
s = 0.
for i in range(len(x)):
s += w[i]*np.sqrt((x[i]-X[0])**2 + (y[i]-X↩
    [1])**2)
return s

con = {"type": "ineq", "fun": lambda X:  (50-X↩
    [0]**2 + (50-X[1])**2 -1600) }
res = minimize(fun=f, x0=[1,1], method="SLSQP", ↩
    constraints = con)
#res = minimize(fun=f, x0=[1,1], method="SLSQP", ↩
    constraints = con)
res
```

101

```
n = 5
r =[1.01, 1.05, 1.08, 1.10, 1.20]
sigma = [0.07, 0.09, 0.1, 0.2, 0.3]

def f(x):
return sum( (sigma[i]*x[i])**2 for i in range(n) ↩
    )
alpha = 1.15
con1 = {"type": "ineq", "fun": lambda x: sum(r[i↩
    ]*x[i] for i in range(n)) -alpha }
con2 = {"type": "eq", "fun": lambda x: sum(x[i] ↩
    for i in range(n)) -1 }
res = minimize(fun=f, x0=[0.2,0.2,0.2,0.2,0.2], ↩
    method="SLSQP",constraints=[con1, con2], ↩
    bounds=[(0., None) for i in range(n)] )
res
```

102

```
n = 4
time = [15,20,30,35]
cap =[1000,2000,3000,4000]
def f(x):
return sum( time[i]*(1+(x[i]/cap[i])**4) for i in↩
    range(n) )

con = {"type": "eq", "fun": lambda x: sum(x[i] ↩
    for i in range(n)) - 5000 }
res = minimize(fun=f, x0=[800,800,800,800], ↩
    method="SLSQP",constraints=con, bounds↩
    =[(0., None) for i in range(n)] )
res
```

103

変数を $X =[X[0],Y[0],X[1],Y[1],z[1,0],z$↩
$[2,0],....,z[4,1],z[5,1]]]$ と表現する.
```
from scipy.spatial.distance import euclidean
x= np.array([[0,0,100,100,50],[0,100,0,100,50]]).↩
    T
def f(X):
s = 0.
for i in range(5):
for j in range(2):
s+= euclidean(x[i],(X[j*2],X[j*2+1]))) *X[4+i+j*5]
```

```
return s
X0 =[20,50,70,50,20,10,30,30,30,20,30,20,10,30]
bounds = [(0,None) for i in range(len(X0))]
con =[]
for j in range(2):
con.append( {"type": "ineq", "fun": lambda X: -↩
    sum(X[4+5*j+i] for i in range(5)) +100} )
for i in range(5):
con.append( {"type": "eq", "fun": lambda X: sum(X↩
    [4+5*j+i] for j in range(2)) -40} )
res = minimize(fun=f,x0=X0, method="SLSQP",↩
    constraints=con, bounds=bounds)
res
```

104

```
n = 10
F = np.random.randint(1000,2000,size=n)
h = np.random.randint(1,5,size=n)
d = np.random.randint(100,200,size=n)
w = np.random.randint(10,20,size=n)
W = w.sum()//2

def f(x):
return sum( F[i]/x[i] + h[i]*d[i]*x[i]/2  for i ↩
    in range(n))

con = {"type": "ineq", "fun": lambda x: -sum(w[i↩
    ]*d[i]*x[i] for i in range(n)) + W }
res = minimize(fun=f, x0=np.random.uniform↩
    (0.2,1.0,size=n), method="SLSQP",↩
    constraints=con, bounds=[(0.0001, None) ↩
    for i in range(n)] )
res
```

105

```
from scipy.optimize import curve_fit
def f(x, a, b):
return a*x + b

param, cov = curve_fit(f, xdata=[1,2,3,4,5], ↩
    ydata=[15,20,34,42,58])
print(param)
```

106

```
from scipy.optimize import root, brentq
def f(x):
return x**4 + x**3 -7*x**2-x+6

print("Brentq=", brentq(f,1.0,3.0) )
print("Root finding =====\n ", root(f,2.5) )
```

107

```
from scipy.spatial.distance import euclidean, ↩
    chebyshev, cityblock, minkowski
print(euclidean([0,0],[1,1]))
print(chebyshev([0,0],[1,1]))
print(cityblock([0,0],[1,1]))
print(minkowski([0,0],[1,1], 3))
```

108

```python
from scipy.spatial import KDTree
import numpy as np
import matplotlib.pyplot as plt
lon = [141.34694, 140.74, 141.1525, 140.87194,
    140.1025, 140.36333, 140.46778,
    140.44666999999998, 139.88361, 139.06083,
    139.64889,
140.12333, 139.69167, 139.6425,
    139.02361000000002, 137.21139, 136.62556,
    136.22194, 138.56833, 138.18111000000002,
    136.72222,
138.38306, 136.90667, 136.50861, 135.86833,
    135.75556, 135.52, 135.18306, 135.83278,
    135.1675, 134.23833, 133.05056000000002,
133.935, 132.45944, 131.47139, 134.55944,
    134.04333, 132.76611, 133.53111,
    130.41806, 130.29889, 129.87361,
    130.74167, 131.6125, 131.42389, 130.55806,
    127.68111]
lat = [43.06417, 40.82444, 39.70361, 38.26889,
    39.71861, 38.24056, 37.75, 36.34139,
    36.56583, 36.39111, 35.85694, 35.60472,
    35.68944000000001,
35.44778, 37.90222, 36.69528, 36.59444000000001,
    36.06528, 35.66389, 36.65139, 35.39111,
    34.97694, 35.18028, 34.73028, 35.00444,
35.02139000000004, 34.68528, 34.69139000000001,
    34.68528, 34.22611, 35.50360999999999,
    35.47222, 34.66167, 34.39639000000004,
34.18583, 34.06583, 34.34028, 33.84167, 33.55972,
    33.60639000000005, 33.24944, 32.74472,
    32.78972, 33.23806, 31.91111, 31.56028,
    26.2125]
points = np.array( [(i,j) for (i,j) in zip(lon,
    lat) ] )
tree = KDTree(points)
dis, near =  tree.query(x = [140.87194,
    38.26889], k=3)
print(near) #各点から近い点への距離（近い順）
plt.plot(points[:,0], points[:,1], "b+")
plt.plot(points[near,0], points[near,1], "ro");
```

109

```python
from scipy.spatial import ConvexHull,
    convex_hull_plot_2d
hull = ConvexHull(points)
convex_hull_plot_2d(hull)
print( hull.vertices )
```

110

```python
from scipy.spatial import Voronoi,
    voronoi_plot_2d
vor = Voronoi(points)
fig = voronoi_plot_2d(vor)
#都道府県の県庁がEuclid距離で近い地域を表す
```

111

```python
import networkx as nx
```

```python
from networkx.algorithms import
    max_weight_matching
n = 100
points = np.random.rand(n, 2)
tree = KDTree(points)
G = nx.Graph()
for i, x in enumerate(points):
dis, near = tree.query(x, k=11)
for j in near[1:]:
G.add_edge(i,j,weight=euclidean(x,points[j]))
print(max_weight_matching(G,  weight="weight"))
```

112

```python
from scipy.spatial import ConvexHull,
    convex_hull_plot_2d
from scipy.spatial.distance import euclidean
n = 100
points = np.random.rand(n, 2)
points = np.append(points, [[0,0],[1,1]], axis=0)
hull = ConvexHull(points)
convex_hull_plot_2d(hull);
```

最短路問題を定義して、
    NetworkXを用いて解いても良い.

```python
s = 0.
vertices = list(hull.vertices)
start = vertices.index(100)
end = vertices.index(101)
if start > end:
start, end = end, start
i = start
s1 = 0.
for j in vertices[start+1:end+1]:
s1 += euclidean(points[i],points[j])
i = j
i = end
s2 = 0.
for j in vertices[end+1:] + vertices[:start]:
s2 += euclidean(points[i],points[j])
i = j
print(min(s1,s2))
```

113

```python
from scipy.stats import norm
n = norm(loc=100,scale=10)
def f(x):
if x > 120:
return 120*(x-110)
else:
return 10*(120-x)
n.expect(f)
```

114

```python
from scipy.stats import uniform
u = uniform(loc = 2.75,scale= 6.50-2.75)
print("平均", u.mean())
print("変動係数", u.std()/u.mean())
print("5以上になる確率", u.sf(5.)) #生存関数もし
    くは 1- cdfで計算
```

```
print("平均から標準偏差
        σ 以内になる確率", u.cdf(u.mean()+u.std↵
    ())- u.cdf(u.mean()-u.std()))
```

115

```
from scipy.stats import triang
u = triang(loc = 1, scale=7-1, c=(4-1)/(7-1))
print("平均", u.mean())
print("変動係数", u.std()/u.mean())
print("5以上になる確率", u.sf(5.)) #生存関数もし
    くは 1- cdfで計算
print("平均から標準偏差
        σ 以内になる確率", u.cdf(u.mean()+u.std↵
    ())- u.cdf(u.mean()-u.std()))
```

116

```
from scipy.stats import poisson
p = poisson(2.2)

print("1分間に誰もこない確率",p.pmf(0))
print("1分間に2人以下の確率",p.cdf(2))
print("少なくとも
        1人の訪問がある確率",p.sf(0)) #生存関数
        sf(0)は0より大きい確率
```

117

```
from scipy.stats import norm
import math
mu = 4.
sigma = 5.
n = 60.
normal = norm(loc=n*mu,scale=sigma*math.sqrt(n))

print( normal.sf(260.) ) # もしくは 1- normal.cdf↵
    (260)
print( normal.cdf(260)-normal.cdf(220)) #260以下↵
    の確率から220以下の確率を引く
```

118

```
from scipy import interpolate
y = np.array↵
    ([80,90,90,100,110,110,90,90,90,90,90,80,
80,60,60,60,60,70,70,70,60,35,40,50,45])
x=np.arange(0,len(y))
f  = interpolate.interp1d(x, y, kind= "cubic")
xnew = np.linspace(0,len(y)-1,100)
ynew = f(xnew)
plt.plot(x, y, "o", xnew, ynew, "-", lw=1,ms=7);
```

119

```
x = [1,2,3,4,6,9]
y = [18,20,23,25,28,35]
f  = interpolate.interp1d(x, y, kind= "cubic")
xnew = np.linspace(1,9,100)
ynew = f(xnew)
plt.plot(x, y, "o", xnew, ynew, "-", lw=1,ms=7); ↵
        None
```

120

```
y_original = ↵
        [5,55,80,60,70,60,50,60,70,55,40,55,55,np.↵
        NaN,np.NaN↵
        ,80,80,80,70,80,80,70,60,45,30,25,20,15]
x = []
y = []
for i, wait in enumerate(y_original):
if np.isnan(wait):
pass
else:
x.append(i)
y.append(wait)

f  = interpolate.interp1d(x, y, kind= "cubic")
xnew = np.linspace(0,x[-1],100)
ynew = f(xnew)
plt.plot(x, y, "o", xnew, ynew, "-", lw=1,ms=7); ↵
        None
```

121

```
from scipy import integrate
y = lambda x: np.sqrt(10)*np.sqrt(1-x**2)
area, error = integrate.quad(y, 0, 1)
print(area*4)
print( np.sqrt(10)*np.pi) #理論値
```

122

```
f = lambda x: 2*np.pi*x**2
print( integrate.quad(f, 0, 1./np.sqrt(np.pi)) )
print( 2./3./np.sqrt(np.pi) )
```

123

```
f=lambda x,y: abs(x-y)
g=lambda x: 0.0
h=lambda x: 1.0
print( integrate.dblquad(f,0,1,g,h) )
```

第 10 章

124

```
retail = pd.read_csv(`http://logopt.com/data/↵
        retail_sales.csv`)
model = Prophet(seasonality_mode=`multiplicative↵
        `).fit(retail)
future = model.make_future_dataframe(periods=20, ↵
        freq=`M`)
forecast = model.predict(future)
model.plot(forecast);
#model.plot_components(forecast);
```

125

```
sf = data.sf_temps()
sf["Date"] = pd.to_datetime(sf.date)
sf.rename(columns={"Date":"ds","temp":"y"},↵
```

```
        inplace=True)
model = Prophet().fit(sf)
future = model.make_future_dataframe(periods=200,↵
    freq=`H`)
forecast = model.predict(future)
model.plot(forecast);
```

126

```
stocks = data.stocks()
amzn = stocks[ stocks.symbol == "AMZN"]
amzn = amzn.rename(columns={"date":"ds","price":"↵
    y"})
model = Prophet(changepoint_prior_scale=0.5, ↵
    changepoint_range=0.95, yearly_seasonality↵
    =5).fit(amzn)
future = model.make_future_dataframe(periods=200,↵
    freq=`D`)
forecast = model.predict(future)
model.plot(forecast);
```

第 11 章

127

```
G=nx.complete_graph(5)
nx.draw(G)

Grid = nx.grid_2d_graph(3,3)
nx.draw(Grid)
```

128

```
import random
Grid = nx.grid_2d_graph(3,3)
for (u,v) in Grid.edges():
Grid[u][v]["weight"] = random.random()
```

129

```
G=nx.cycle_graph(6)
pos=nx.spring_layout(G)
nx.draw(G,pos=pos,node_size=1000,with_labels=True,↵
    ,node_color="w",edge_color="g",width=5)

G=nx.balanced_tree(2,2)
pos=nx.spring_layout(G)
nx.draw(G,pos=pos,node_size=1000,with_labels=True,↵
    ,node_color="w",edge_color="g",width=5)

G=nx.complete_graph(5)
pos=nx.circular_layout(G)
nx.draw(G,pos=pos,node_size=1000,with_labels=True,↵
    ,node_color="w",edge_color="g",width=5)

G=nx.hypercube_graph(4)
pos=nx.spring_layout(G)
nx.draw(G,pos=pos,node_size=100,with_labels=False,↵
    ,node_color="w",edge_color="g",width=5)

G=nx.chvatal_graph()
pos=nx.spring_layout(G)
```

```
nx.draw(G,pos=pos,node_size=100,with_labels=False,↵
    ,node_color="w",edge_color="g",width=5)

G=nx.cubical_graph()
pos=nx.spring_layout(G)
nx.draw(G,pos=pos,node_size=1000,with_labels=True,↵
    ,node_color="w",edge_color="g",width=5)

G=nx.octahedral_graph()
#pos=nx.spring_layout(G)
pos=nx.spectral_layout(G)
nx.draw(G,pos=pos,node_size=100,with_labels=False,↵
    ,node_color="w",edge_color="g",width=5)

G=nx.dodecahedral_graph()
pos=nx.spring_layout(G)
#pos=nx.spectral_layout(G)
nx.draw(G,pos=pos,node_size=100,with_labels=False,↵
    ,node_color="w",edge_color="g",width=5)

G=nx.icosahedral_graph()
#pos=nx.spring_layout(G)
pos=nx.spectral_layout(G)
nx.draw(G,pos=pos,node_size=100,with_labels=False,↵
    ,node_color="w",edge_color="g",width=5)

G=nx.petersen_graph()
pos=nx.spring_layout(G)
#pos=nx.spectral_layout(G)
nx.draw(G,pos=pos,node_size=100,with_labels=False,↵
    ,node_color="w",edge_color="g",width=5)

G=nx.truncated_cube_graph()
#pos=nx.spring_layout(G)
pos=nx.spectral_layout(G)
nx.draw(G,pos=pos,node_size=100,with_labels=False,↵
    ,node_color="w",edge_color="g",width=5)

G=nx.truncated_tetrahedron_graph()
pos=nx.spring_layout(G)
###pos=nx.spectral_layout(G)
nx.draw(G,pos=pos,node_size=100,with_labels=False,↵
    ,node_color="w",edge_color="g",width=5)

G=nx.tutte_graph()
#pos=nx.spring_layout(G)
pos=nx.spectral_layout(G)
#pos=nx.shell_layout(G,[nodes[5:10],nodes[0:5]])
nx.draw(G,pos=pos,node_size=100,with_labels=False,↵
    ,node_color="w",edge_color="g",width=5)

G=nx.fast_gnp_random_graph(30,0.1)
#G=nx.gnm_random_graph(10,18)
#G=nx.random_regular_graph(3,10)
nx.draw(G)

G=nx.random_geometric_graph(100,0.2)
pos=nx.get_node_attributes(G,'pos')
nx.draw(G,pos=pos)
```

130

```
G=nx.Graph()
G.add_edges_from([[(0,1),(1,2)]])
```

```
H=nx.Graph()
H.add_edges_from([('A','B'),('A','C')])
#Product = nx.cartesian_product(G,H)
#Product = nx.lexicographic_product(G,H)
#Product = nx.tensor_product(G,H)
Product = nx.strong_product(G,H)

pos={}
for i in range(3):
for j,item in enumerate(["B","A","C"]):
pos[(i,item)]=(i,j)

#nx.draw(Product,with_labels=True)
nx.draw(Product,with_labels=True,pos=pos,
node_color="w",node_size=1500,edge_color="g",↵
    width=3)
```

131

```
G = nx.grid_2d_graph(3,4)
NewG = nx.eulerize(G)
for (u,v) in nx.eulerian_circuit(NewG):
print(u,v)
```

132

```
G = nx.grid_2d_graph(5,5)
print(list(nx.minimum_spanning_edges(G)))

m, n = 5, 5
lb, ub = 1, 20
G = nx.grid_2d_graph(m, n)
for (i,j) in G.edges():
G[i][j]["weight"] = random.randint(lb, ub)
pos ={(i,j):(i,j) for (i,j) in G.nodes() }
edges = list(nx.minimum_spanning_edges(G))
plt.figure()
nx.draw(G, pos=pos, node_size=100)
edge_labels ={}
for (i,j) in G.edges():
edge_labels[i,j] = f"{ G[i][j]['weight'] }"
nx.draw_networkx_edge_labels(G,pos,edge_labels=↵
    edge_labels)
nx.draw(G, pos=pos, width=5, edgelist= edges, ↵
    edge_color ="orange")
plt.show()

weight =[ ]
for (i,j,w) in edges:
weight.append( (w["weight"], i,j) )
weight.sort(reverse=True)
G1 = nx.Graph()
for (w,i,j) in weight[5:]:
G1.add_edge(i,j)
nx.draw(G, pos=pos, node_size=100)
nx.draw_networkx_edge_labels(G,pos,edge_labels=↵
    edge_labels)
nx.draw(G1, pos=pos, node_size=100, width=10, ↵
    edge_color="orange")
```

133

```
G = nx.Graph()
G.add_edge("八千代緑が丘", "西船橋
    ", weight=15, cost=490)
G.add_edge("西船橋", "門前仲町
    ", weight=20, cost=230)
G.add_edge("門前仲町", "越中島
    ", weight=10, cost=0)
G.add_edge("西船橋", "越中島
    ", weight=24, cost=380)

path = nx.dijkstra_path(G, "八千代緑が丘", "越中
    島")
print("最短時間パス", path)

path = nx.dijkstra_path(G, "八千代緑が丘", "越中
    島", weight="cost")
print("最小費用パス", path)
```

134

```
m, n = 3, 3
lb, ub = 1, 300
G = nx.grid_2d_graph(m, n)
for (i,j) in G.edges():
G[i][j]["weight"] = random.randint(lb, ub)
path = nx.dijkstra_path(G, source=(0,0), target↵
    =(2,2))
edges =[]
for i in range(len(path)-1):
edges.append( (path[i],path[i+1]) )
plt.figure()
nx.draw(G, pos=pos, node_size=100)
edge_labels ={}
for (i,j) in G.edges():
edge_labels[i,j] = f"{ G[i][j]['weight'] }"
nx.draw_networkx_edge_labels(G,pos,edge_labels=↵
    edge_labels)
nx.draw(G, pos=pos, width=5, edgelist= edges, ↵
    edge_color="orange")
plt.show()
```

135

```
duration = {1: 13, 2: 25, 3: 15, 4: 27, 5: 22}
G = nx.DiGraph()
G.add_weighted_edges_from([(0,1,-13),(1,2,-15),
    (2,3,-27),(0,4,-25),(4,2,0),(4,3,-22)])
pred, distance = nx.bellman_ford_predecessor
    _and_distance(G,source=0)
distance
```

136

```
d = {1:80, 2:270, 3:250 , 4:160, 5:180} # demand
M = {1:500, 2:500, 3:500}              # capacity
c = {(1,1):4,    (1,2):6,    (1,3):9, # cost
(2,1):5,    (2,2):4,    (2,3):7,
(3,1):6,    (3,2):3,    (3,3):4,
(4,1):8,    (4,2):5,    (4,3):3,
(5,1):10,   (5,2):8,    (5,3):4,
}
```

```
G = nx.DiGraph()
for i in M:
G.add_node(f"plant{i}", demand=-M[i])
for j in d:
G.add_node(f"customer{j}", demand=d[j])
total_demand = sum(d[j] for j in d)
total_supply = sum(M[i] for i in M)
G.add_node("dummy", demand = total_supply-↵
    total_demand)
G.add_weighted_edges_from([(f"plant{i}",f"↵
    customer{j}",c[j,i]) for i in M for j in d↵
    ] )
G.add_weighted_edges_from([ (f"plant{i}","dummy"↵
    ,0) for i in M] )
val, flow = nx.algorithms.flow.network_simplex(G)
print(val,flow)
```

137

```
demand = [5, 7, 8, 2, 9, 1, 3]  # 需要量
T = len(demand)  # 計画期間
h = 1  # 在庫費用
capacity = 8  # 最大稼働時間(=最大生産量;製造時↵
    間=1だから)
G = nx.DiGraph()
for i in range(T):
    G.add_node(f"period{i}", demand=demand[i])
G.add_node("dummy", demand=-sum(demand))
G.add_weighted_edges_from([("dummy", f"period{i}"↵
    , 0) for i in range(T)])
G.add_weighted_edges_from([(f"period{i}", f"↵
    period{i+1}", h) for i in range(T - 1)])
for i in range(T):
    G["dummy"][f"period{i}"]["capacity"] = ↵
    capacity
for i in range(T - 1):
    G[f"period{i}"][f"period{i+1}"]["capacity"] =↵
    sum(demand)
val, flow = nx.algorithms.flow.network_simplex(G)
print(val, flow)
```

138

```
G = nx.DiGraph()
G.add_node(0, demand=-10)
G.add_node(4, demand=10)
capacity = {(0, 1): 5, (0, 2): 8, (1, 4): 8, (2, ↵
    1): 2, (2, 3): 5, (3, 4): 6}
G.add_weighted_edges_from(
    [(0, 1, 10), (0, 2, 5), (1, 4, 1), (2, 1, 3),↵
    (2, 3, 1), (3, 4, 6)]
)
for (i, j) in G.edges():
    G[i][j]["capacity"] = capacity[i, j]
pos = {0: (0, 1), 1: (1, 2), 2: (1, 0), 3: (2, ↵
    0), 4: (2, 2)}
edge_labels = {}
for (i, j) in G.edges():
    edge_labels[i, j] = f"{ G[i][j]['weight'] }({↵
    G[i][j]['capacity']})"
plt.figure()
```

```
nx.draw(G, pos=pos, with_labels=True, node_size↵
    =1000)
nx.draw_networkx_edge_labels(G, pos, edge_labels=↵
    edge_labels)
plt.show()
```

139

```
G=nx.DiGraph()

Demand=[100,100,100,100,100,125,125]
U=sum(Demand)
T=len(Demand)
G.add_edge("t","s")
for t in range(T):
G.add_node(("clean",t),demand=Demand[t])
G.add_node(("dirty",t),demand=-Demand[t])
G.add_edge("s",("clean",t),weight=10)      #↵
    buy new napkins
G.add_edge(("clean",t),("dirty",t),capacity=U-↵
    Demand[t]) #use napkins
G.add_edge(("dirty",t),"t")       #discard ↵
    napkins

for t in range(T-1):
G.add_edge(("clean",t),("clean",t+1)) #invenory↵
    of clean napkins
G.add_edge(("dirty",t),("clean",t+1),weight=3) #↵
    clean using fast laundry

for t in range(T-2):
G.add_edge(("dirty",t),("clean",t+2),weight=1) #↵
    clean using slow laundry

cost,flow = nx.network_simplex(G)

print("cost=",cost)
for i in G.nodes():
for j in flow[i]:
if flow[i][j]>0:
print(i,j,flow[i][j])

G=nx.DiGraph()

Demand=[100,100,100,100,100,125,125]
U=sum(Demand)
T=len(Demand)
G.add_edge("t","s")
for t in range(T):
G.add_node(("clean",t),demand=Demand[t])
G.add_node(("dirty",t),demand=-Demand[t])
G.add_edge("s",("clean",t),weight=10) #buy new ↵
    napkins
G.add_edge(("clean",t),("dirty",t),capacity=U-↵
    Demand[t]) #use napkins
G.add_edge(("dirty",t),"t") #discard napkins

for t in range(T):
G.add_edge(("clean",t),("clean",(t+1) % T )) #↵
    invenory of clean napkins
```

```
G.add_edge(("dirty",t),("clean", (t+1)% T ),↵
    weight=3) #clean using fast laundry

for t in range(T):
G.add_edge(("dirty",t),("clean",(t+2) % T),weight↵
    =1) #clean using slow laundry

cost,flow = nx.network_simplex(G)

print("cost=",cost)
for i in G.nodes():
for j in flow[i]:
if flow[i][j]>0:
print(i,j,flow[i][j])
```

140

```
from networkx.algorithms import approximation

G = nx.Graph()
n = 8  # クイーン数
for i in range(n):
    for j in range(n):
        G.add_node((i, j))
for n1 in G.nodes():
    for n2 in G.nodes():
        if n1 == n2:
            continue
        if n1[0] == n2[0]:
            G.add_edge(n1, n2)
        if n1[1] == n2[1]:
            G.add_edge(n1, n2)
        if n1[0] - n1[1] == n2[0] - n2[1]:
            G.add_edge(n1, n2)
        if n1[0] + n1[1] == n2[0] + n2[1]:
            G.add_edge(n1, n2)
S = approximation.max_clique(nx.complement(G))
print(S)
```

第 12 章

141

```
model = Model()
xA = model.addVar(name="xA")
xB = model.addVar(name="xB")
model.update()

model.addConstr(3*xA + 2*xB  <= 200)  #grape ↵
    upper bound
model.addConstr(  xA + 2*xB  <= 100)  #apple ↵
    upper bound

model.setObjective(3*xA + 4*xB, GRB.MAXIMIZE)

model.optimize()

if model.Status == GRB.Status.OPTIMAL:
```

```
print("Opt. Value=",model.ObjVal)
for v in model.getVars():
print(v.VarName,v.X)
```

142

```
model = Model()
xA = model.addVar(name="xA")
xB = model.addVar(name="xB")
xC = model.addVar(name="xC")
model.update()

model.addConstr(xA == xB +200 )
model.addConstr(xB == xC +600 )

model.setObjective(xA +xB +xC, GRB.MINIMIZE)

model.optimize()

if model.Status == GRB.Status.OPTIMAL:
print("Opt. Value=",model.ObjVal)
for v in model.getVars():
print(v.VarName,v.X)
```

143

```
model = Model()
run = model.addVar(name="run")
walk = model.addVar(name="walk")
rest = model.addVar(name="rest")
model.update()
model.addConstr(180*run+70*walk== 42.195*1000)
model.addConstr(run+walk+rest == 6*60+40)
model.addConstr(walk = 2*run)
model.setObjective(rest, GRB.MINIMIZE)
model.optimize()
print(rest.X)
```

144

```
model = Model("lo1")

x1 = model.addVar(name="x1")
x2 = model.addVar(name="x2")
x3 = model.addVar(name="x3")
x4 = model.addVar(ub=10.0, name="x4")
model.update()

model.addConstr(x1 + 2*x2 + x3 <= 90)
model.addConstr(2*x1 + x2 + x3 <= 90)
model.addConstr(x3 + 300*x4 <= 60)

model.setObjective(15*x1 + 18*x2 + 30*x3 +50*x4, ↵
    GRB.MAXIMIZE)

model.optimize()

if model.Status == GRB.Status.OPTIMAL:
print("Opt. Value=",model.ObjVal)
for v in model.getVars():
print(v.VarName,v.X)
print("Dual Price")
```

```
for c in model.getConstrs():
print (c.Pi)
```

145

```
Customer,d = multidict({1:80, 2:270, 3:250 , ↵
    4:160, 5:180}) # demand
Plant,M = multidict({1:500, 2:500, 3:500}) ↵
    # capacity
C = {(1,1):1,    (1,2):6,  (1,3):3,  # C[j,k] : ↵
    Transportation cost from plant k to ↵
    warehouse j
(2,1):3,    (2,2):1,    (2,3):2
}
c = {(1,1):4,    (1,2):6,    #c[i,j] : ↵
    Transportation cost from warehouse j to ↵
    customer i
(2,1):5,    (2,2):4,
(3,1):6,    (3,2):3,
(4,1):8,    (4,2):5,
(5,1):10,   (5,2):8
}
Warehouse =list(range(1,3))

model = Model("transshipment")
x, X = {}, {}
for i in Customer:
for j in Warehouse:
x[i,j] = model.addVar(vtype="C", name="x({0},{1})↵
    ".format(i,j))
for j in Warehouse:
for k in Plant:
X[j,k] = model.addVar(vtype="C", name="X({0},{1})↵
    ".format(j,k))
model.update()

for i in Customer:
model.addConstr(quicksum(x[i,j] for j in ↵
    Warehouse ) == d[i],
name="Demand({0})".format(i))
for k in Plant:
model.addConstr(quicksum(X[j,k] for j in ↵
    Warehouse )<= M[k],
name="Capacity({0})".format(k))

for j in Warehouse:
model.addConstr( quicksum(X[j,k] for k in Plant) ↵
    ==
quicksum(x[i,j] for i in Customer ),
name="FlowConserve({0})".format(j))

model.setObjective(quicksum(C[j,k]*X[j,k]   for (j,↵
    ,k) in X) +quicksum(c[i,j]*x[i,j]   for (i,↵
    j) in x), GRB.MINIMIZE)

model.optimize()
print( "Optimal value:", model.ObjVal)

EPS = 1.e-6
for (i,j) in x:
```

```
if x[i,j].X > EPS:
print("{0:>5} from warehouse {1:>2} to customer ↵
    {2:>2}".format(x[i,j].X,j,i) )

for (j,k) in X:
if X[j,k].X > EPS:
print("{0:>5} from factory {1:>2} to warehouse ↵
    {2:>2}".format(X[j,k].X,k,j) )

print ("{0:>15}: {1:>8} , {2:>4}".format("Const. ↵
    Name", "Slack", "Dual"))
for c in model.getConstrs():
print ("{0:>15}: {1:>8} , {2:>4}".format(c.↵
    ConstrName,c.Slack,c.Pi))
```

146

```
Customer,d = multidict({1:80, 2:270, 3:250 , ↵
    4:160, 5:180}) # demand
for i in d:
d[i]=d[i]*2.
Plant,M = multidict({1:500, 2:500, 3:500}) ↵
    # capacity
C = {(1,1):1,    (1,2):6,  (1,3):3,  # C[j,k] : ↵
    Transportation cost from plant k to ↵
    warehouse j
(2,1):3,    (2,2):1,    (2,3):2
}
c = {(1,1):4,    (1,2):6,    #c[i,j] : ↵
    Transportation cost from warehouse j to ↵
    customer i
(2,1):5,    (2,2):4,
(3,1):6,    (3,2):3,
(4,1):8,    (4,2):5,
(5,1):10,   (5,2):8
}
Warehouse =list(range(1,3))

model = Model("transshipment")
x, X = {}, {}
surplus ={}
for i in Customer:
surplus[i] = model.addVar(vtype="C", name=f↵
    surplus({i})")
for j in Warehouse:
x[i,j] = model.addVar(vtype="C", name="x({0},{1})↵
    ".format(i,j))
for j in Warehouse:
for k in Plant:
X[j,k] = model.addVar(vtype="C", name="X({0},{1})↵
    ".format(j,k))
model.update()

for i in Customer:
model.addConstr(quicksum(x[i,j] for j in ↵
    Warehouse ) == d[i] - surplus[i],
name="Demand({0})".format(i))
for k in Plant:
model.addConstr(quicksum(X[j,k] for j in ↵
    Warehouse )<= M[k],
```

```
name="Capacity({0})".format(k))

for j in Warehouse:
model.addConstr( quicksum(X[j,k] for k in Plant) ↩
    ==
quicksum(x[i,j] for i in Customer ),
name="FlowConserve({0})".format(j))

model.setObjective(quicksum(C[j,k]*X[j,k]  for (j↩
    ,k) in X) +quicksum(c[i,j]*x[i,j]  for (i,↩
    j) in x) +quicksum(100000.*surplus[i] for ↩
    i in surplus), GRB.MINIMIZE)

model.optimize()
print( "Optimal value:", model.ObjVal)

EPS = 1.e-6
for i in surplus:
if surplus[i].X > EPS:
print(f"demand of customer{i} cannot be satisfied↩
    by {surplus[i].X}")
for (i,j) in x:
if x[i,j].X > EPS:
print("{0:>5} from warehouse {1:>2} to customer ↩
    {2:>2}".format(x[i,j].X,j,i) )

for (j,k) in X:
if X[j,k].X > EPS:
print("{0:>5} from factory {1:>2} to warehouse ↩
    {2:>2}".format(X[j,k].X,k,j) )
```

147

```
from mypulp import Model, GRB
model = Model()
L = model.addVar(name="L")
R = model.addVar(name="R")
V = model.addVar(name="V")
model.update()
model.addConstr(L+R==1.0)
model.addConstr(V>=0.9*L+0.6*R)
model.addConstr(V>=0.5*L+0.8*R)
model.setObjective(V, GRB.MINIMIZE)
model.optimize()
print("Obj. Val.", model.ObjVal)
print("L, R", L.X, R.X)
```

148

```
model = Model()
L = model.addVar(name="L")
R = model.addVar(name="R")
V = model.addVar(name="V")
model.update()
model.addConstr(L+R==1.0)
model.addConstr(V<=0.9*L+0.5*R)
model.addConstr(V<=0.6*L+0.8*R)
model.setObjective(V, GRB.MAXIMIZE)
model.optimize()
print("Obj. Val.", model.ObjVal)
print("L, R", L.X, R.X)
for c in model.getConstrs():
print( c.ConstrName, c.Pi )
```

149

```
model = Model("puzzle")
x = model.addVar(vtype="I", name="x")
y = model.addVar(vtype="I", name="y")
z = model.addVar(vtype="I", name="z")
model.update()

model.addConstr(x + y + z == 32, "Heads")
model.addConstr(2*x + 4*y + 8*z == 80, "Legs")

model.setObjective(y + z, GRB.MINIMIZE)

model.Params.LogFile = "gurobi.log"
model.optimize()

print("Opt. Val.=",model.ObjVal)
print("(x,y,z)=",(x.X,y.X,z.X))
```

150

```
pos = [(0, 1), (2, 0), (3, 3), (1, 3)]
n = len(pos)
model = Model()
X = model.addVar(name="X")
Y = model.addVar(name="Y")
xz, yz = {}, {} #絶対値を表す補助変数
for i in range(n):
xz[i] = model.addVar(name=f"xz({i})")
yz[i] = model.addVar(name=f"yz({i})")
```

```
model.update()
for i, (x, y) in enumerate(pos):
model.addConstr(xz[i] >= X-x)
model.addConstr(xz[i] >= -(X-x))
model.addConstr(yz[i] >= Y-y)
model.addConstr(yz[i] >= -(Y-y))
model.setObjective(quicksum(xz[i]+yz[i] for i in ↩
    range(n)), GRB.MINIMIZE)
model.optimize()
print("X,Y =", X.X, Y.X)
```

151

```
pos = [(0, 1), (2, 0), (3, 3), (1, 3)]
n = len(pos)
model = Model()
X = model.addVar(name="X")
Y = model.addVar(name="Y")
xz, yz = {}, {} #絶対値を表す補助変数
for i in range(n):
xz[i] = model.addVar(name=f"xz({i})")
yz[i] = model.addVar(name=f"yz({i})")
Z = model.addVar(name="Z") #最大距離を表す補助
    変数
model.update()
for i, (x, y) in enumerate(pos):
model.addConstr(xz[i] >= X-x)
model.addConstr(xz[i] >= -(X-x))
model.addConstr(yz[i] >= Y-y)
model.addConstr(yz[i] >= -(Y-y))
model.addConstr(xz[i]+yz[i]<=Z)
model.setObjective(Z, GRB.MINIMIZE)
model.optimize()
print("X,Y =", X.X, Y.X, Z.X)
```

152

```
model = Model()
honest, wolf = {}, {}
L = list("abc")
for l in L:
honest[l] = model.addVar(vtype="B", name=f"honest↩
    ({l})")
wolf[l] = model.addVar(vtype="B", name=f"wolf({l↩
    })")
model.update()
model.addConstr(wolf["a"]+wolf["b"]+wolf["c"]==1)↩
    #3人のうち1人は狼男
model.addConstr(honest["a"]==wolf["a"]) #↩
    Aが正直なら狼男，嘘つきなら狼男ではない
model.addConstr(honest["b"]==wolf["b"]) #↩
    Bが正直なら狼男，嘘つきなら狼男ではない
# Cが正直なら honest["a"]+honest["b"]+honest["c↩
    "]<=1, Cが嘘つきなら honest["a"]+honest["b↩
    "]+honest["c"]>=2
# => honest["a"]+honest["b"]+honest["c"]<=1 + M↩
    (1-honest["c"]), honest["a"]+honest["b"]+↩
    honest["c"]>=2-M honest["c"]; 最小のMは2
model.addConstr(honest["a"]+honest["b"]+2*honest[↩
    "c"]==2)
model.setObjective(honest["a"], GRB.MAXIMIZE)
```

```
model.optimize()
EPS = 1.e-6
for v in model.getVars():
if v.X > EPS:
print( v.VarName,v.X)
```

153

```
model = Model()
honest, wolf = {}, {}
L = list("abc")
for l in L:
honest[l] = model.addVar(vtype="B", name=f"honest↩
    ({l})")
wolf[l] = model.addVar(vtype="B", name=f"wolf({l↩
    })")
model.update()
model.addConstr(wolf["a"]+wolf["b"]+wolf["c"]==1)↩
    #1人が狼男
model.addConstr(honest["a"]==wolf["a"]) #狼男は正
    直
model.addConstr(honest["b"]==wolf["b"])
model.addConstr(honest["c"]==wolf["c"])
# Aが正直なら (1-honest["a"])+(1-honest["b↩
    "])+(1-honest["c"])>=1 => honest["a"]+↩
    honest["b"]+honest["c"]<=2 + M(1-honest["a↩
    "]); 最小のMは2
model.addConstr(3*honest["a"]+honest["b"]+2*↩
    honest["c"]<=4)
#Aが嘘つきなら (1-honest["a"])+(1-honest["b↩
    "])+(1-honest["c"])<=0 => honest["a"]+↩
    honest["b"]+honest["c"]>=3 - M honest["a↩
    "]; 最小のMは2
model.addConstr(3*honest["a"]+honest["b"]+2*↩
    honest["c"]>=3)
model.addConstr(honest["b"]==honest["c"]) #↩
    Bが正直ならCは正直で，Bが嘘つきならCも嘘つき↩
    
model.setObjective(honest["a"], GRB.MAXIMIZE)
model.optimize()
EPS = 1.e-6
for v in model.getVars():
if v.X > EPS:
print( v.VarName,v.X)
```

154

```
L=[ ["波平", "フネ(F)", "カツオ", "ワカメ(F)"],
["バカボンパパ", "バカボンママ(F)", "バカボン
    ", "ハジメ"],
["ひろし","みさえ(F)","しんのすけ","ひまわり
    (F)"],
["のび助","玉子(F)","のび太"],
["一徹","明子(F)","飛雄馬"],
["テム","カマリア(F)","アムロ"],
["デギン","ナルス(F)","ギレン","キシリア(F)","サ
    スロ","ドズル","ガルマ"]
]
female =set()
member = set()
for family in L:
```

```
for i in family:
member.add(i)
if i[-3:]=="(F)":
female.add(i)
seats = list(range(7))
model = Model()
assign, x, y, z = {},{},{},{}
for family in L:
for i in family:
for s in seats:
assign[i,s] = model.addVar(vtype="B", name=f"↵
    assign({i},{s})")
for s in seats:
x[s] = model.addVar(vtype="C", name=f"x({s})")
y[s] = model.addVar(vtype="C", name=f"y({s})")
z[s] = model.addVar(vtype="C", name=f"z({s})")
model.update()
for family in L:
for i in family:
model.addConstr(quicksum(assign[i,s] for s  in ↵
    seats) == 1)
for s in seats:
model.addConstr(quicksum(assign[i,s] for i in ↵
    family) <= 1)
for s in seats:
model.addConstr(quicksum(assign[i,s] for i in ↵
    member) <=4)
model.addConstr(quicksum(assign[i,s] for i in ↵
    female) == x[s])
model.addConstr(x[s]-10./7 == y[s]-z[s]) #female/↵
    total*4 = 10/28*4= 10/7
model.setObjective(quicksum(y[s]+z[s] for s in ↵
    seats), GRB.MINIMIZE)
model.Params.LogFile="gurobi.log"
model.optimize()
EPS = 1.e-6
for v in model.getVars():
if v.X > EPS:
print( v.VarName,v.X)
```

155

```
products =["A", "B", "C"]
rate ={"A": [2000,1000], "B":[1600,1500], "C"↵
    :[1100,2400]}
profit ={"A": 12, "B":9, "C": 8}
ub = 8.
model = Model()
x = {}
for p in products:
x[p] = model.addVar(name=f"x({p})")
model.update()
for i in range(2):
model.addConstr( quicksum(1/rate[p][i]*x[p] for p↵
    in products) <= ub )
model.setObjective( quicksum( profit[p]*x[p] for ↵
    p in products), GRB.MAXIMIZE)
model.optimize()
print("Obj. Val.=", model.ObjVal)
for p in x:
```

```
print(x[p].X)
```

156

```
demand =[5,7,8,2,9,1,3]
M = sum(demand)
T = len(demand)
capacity = 8.
rate = 1.
inventory_cost = 1.
fixed_cost = 10.  # 0.

model = Model()
x, y, I = {}, {}, {}
for t in range(T):
x[t] = model.addVar(name=f"x({t})")
y[t] = model.addVar(name=f"y({t})", vtype="B")

I[-1] = I[T-1] = 0.
for t in range(T-1):
I[t] = model.addVar(name=f"I({t})")
model.update()

capacity_constraints ={}
for t in range(T):
capacity_constraints[t] = model.addConstr( rate*x↵
    [t] <= capacity, name=f"Capacity ↵
    Constraint({t})" )
demand_constraints ={}
for t in range(T):
demand_constraints[t] = model.addConstr( I[t-1] +↵
    x[t]  == demand[t] + I[t], name=f"Demand ↵
    Constraint({t})" )
forcing_constraints ={}
for t in range(T):
forcing_constraints[t] = model.addConstr(x[t] <=M↵
    *y[t], name=f"Forcing Constraint({t})" )

model.setObjective( quicksum( fixed_cost*y[t] + ↵
    inventory_cost*I[t] for t in range(T)), ↵
    GRB.MINIMIZE)

model.optimize()
print("Obj. Val.=", model.ObjVal)
for t in range(T):
print(x[t].X)
```

157

```
demand = [100,100,100,100,100,125,125]
T = len(demand)
new_cost = 100.
fast_cost = 30.
slow_cost = 10.

model = Model()
x, fast, slow = {}, {}, {}
I = {} #使用済みナプキンの在庫
for t in range(T):
x[t] = model.addVar(name=f"x({t})")
```

```
for t in range(T):
I[t] = model.addVar(name=f"I({t})")
fast[t] = model.addVar(name=f"fast({t})")
slow[t] = model.addVar(name=f"slow({t})")
I[-1] = 0.
slow[-2] = slow[-1] = 0.
fast[-1] = 0.
model.update()

for t in range(T):
model.addConstr( fast[t-1]+slow[t-2]+x[t]==demand↵
    [t] )
model.addConstr( fast[t]+slow[t]+I[t] == demand[t↵
    ]+I[t-1] )

model.setObjective( quicksum( new_cost*x[t] + ↵
    fast_cost*fast[t]+ slow_cost*slow[t] for t↵
    in range(T)), GRB.MINIMIZE )

model.optimize()
print("Obj. Val.=", model.ObjVal)
for t in range(T):
print(x[t].X, fast[t].X, slow[t].X)
```

巡回型の場合
```
demand = [100,100,100,100,100,125,125]
T = len(demand)
new_cost = 100.
fast_cost = 30.
slow_cost = 10.

model = Model()
x, fast, slow = {}, {}, {}
I = {} #使用済みナプキンの在庫
for t in range(T):
x[t] = model.addVar(name=f"x({t})")

for t in range(T):
I[t] = model.addVar(name=f"I({t})")
fast[t] = model.addVar(name=f"fast({t})")
slow[t] = model.addVar(name=f"slow({t})")
model.update()

for t in range(T):
if t ==0:
t1 = T-1
t2 = T-2
elif t == 1:
t1 = 0
t2 = T-1
else:
t1 = t-1
t2 = t-2
model.addConstr( fast[t1]+slow[t2]+x[t]==demand[t↵
    ] )
model.addConstr( fast[t]+slow[t] + I[t] ==demand[↵
    t] + I[t1])

model.setObjective( quicksum( new_cost*x[t] + ↵
    fast_cost*fast[t]+ slow_cost*slow[t] for t↵
```

```
    in range(T)), GRB.MINIMIZE )

model.optimize()
print("Obj. Val.=", model.ObjVal)
for t in range(T):
print(x[t].X, fast[t].X, slow[t].X)
```

第 13 章

158

```
model = Model()

v = [16, 19, 23, 28]
a = [[2, 3, 4, 5], [3000, 3500, 5100, 7200]]
b = [7, 10000]
n = len(v)
m = len(b)
items = ["item{0}".format(j) for j in range(n)]
varlist = model.addVariables(items, [0, 1])
for i in range(m):
con1 = Linear("mkp_{0}".format(i), "inf", b[i])
con1.addTerms(a[i][j], varlist[j], 1)
model.addConstraint(con1)

con2 = Linear("obj", 1, sum(v), ">=")
for j in range(n):
con2.addTerms(v[j], varlist[j], 1)
model.addConstraint(con2)

model.Params.TimeLimit = 1
sol, violated = model.optimize()

if model.Status == 0:
print("solution")
for x in sol:
print(x, sol[x])
print("violated constraint(s)")
for v in violated:
print(v, violated[v])
```

159

```
m = Model()

nodes = ["n{0}".format(i) for i in range(6)]
adj = [[2], [3], [0, 3, 4, 5], [1, 2, 5], [2], ↵
    [2, 3]]
n = len(nodes)
varlist = m.addVariables(nodes, [0, 1])

for i in range(n):
for j in adj[i]:
if i < j:
con1 = Linear("constraint{0}_{1}".format(i, j), "↵
    inf", 1)
```

```
con1.addTerms(1, varlist[i], 1)
con1.addTerms(1, varlist[j], 1)
m.addConstraint(con1)

obj = Linear("obj", 1, n, ">=")
for i in range(n):
obj.addTerms(1, varlist[i], 1)
m.addConstraint(obj)

m.Params.TimeLimit = 1
sol, violated = m.optimize()

if m.Status == 0:
print("solution")
for x in sol:
print(x, sol[x])
print("violated constraint(s)")
for v in violated:
print(v, violated[v])
```

160

```
m = Model()

K = 3
nodes = ["n{0}".format(i) for i in range(6)]
adj = [[2], [3], [0, 3, 4, 5], [1, 2, 5], [2], ↵
    [2, 3]]
n = len(nodes)

varlist = m.addVariables(nodes, range(K))

for i in range(n):
for j in adj[i]:
if i < j:
con1 = Alldiff(
"alldiff_{0}_{1}".format(i, j), [varlist[i], ↵
    varlist[j]], "inf"
)
m.addConstraint(con1)

m.Params.TimeLimit = 1
sol, violated = m.optimize()

if m.Status == 0:
print("solution")
for x in sol:
print(x, sol[x])
print("violated constraint(s)")
for v in violated:
print(v, violated[v])
```

161

```
nodes = [f"n{i}" for i in range(6)]
adj = [[1, 4], [0, 2, 4], [1], [4, 5], [0, 1, 3, ↵
    5], [3, 4]]
n = len(nodes)

m = Model()
```

```
varlist = m.addVariables(nodes, [0, 1])

con1 = Linear("constraint", "inf", n // 2, "=")
for i in range(len(nodes)):
con1.addTerms(1, varlist[i], 1)
m.addConstraint(con1)

con2 = Quadratic("obj")
for i in range(n):
for j in adj[i]:
con2.addTerms(1, varlist[i], 1, varlist[j], 0)
con2.addTerms(1, varlist[i], 0, varlist[j], 1)
m.addConstraint(con2)

m.Params.TimeLimit = 1
sol, violated = m.optimize()

if m.Status == 0:
print("solution")
for x in sol:
print(x, sol[x])
print("violated constraint(s)")
for v in violated:
print(v, violated[v])
```

162

```
m = Model()

cities = ["T", "L", "M", "R", "B"]
d = [
[0, 476, 774, 434, 408],
[476, 0, 784, 894, 569],
[774, 784, 0, 852, 1154],
[434, 894, 852, 0, 569],
[408, 569, 1154, 569, 0],
]
n = len(cities)

varlist = m.addVariables(cities, range(n))

con1 = Alldiff("AD", varlist, "inf")
m.addConstraint(con1)

obj = Quadratic("obj")
for i in range(n):
for j in range(n):
if i != j:
for k in range(n):
if k == n - 1:
ell = 0
else:
ell = k + 1
obj.addTerms(d[i][j], varlist[i], k, varlist[j], ↵
    ell)
m.addConstraint(obj)

m.Params.TimeLimit = 1
sol, violated = m.optimize()
```

```
if m.Status == 0:
print("solution")
for x in sol:
print(x, sol[x])
print("violated constraint(s)")
for v in violated:
print(v, violated[v])
```

163

```
bpp = Model()

Items = [6, 5, 4, 3, 1, 2]
B = 7
num_bins = 3
n = len(Items)

x = {}
for i in range(n):
x[i] = bpp.addVariable("x_{0}".format(i), range(
    num_bins))
Bin = {}
for j in range(num_bins):
Bin[j] = Linear("Bin_{0}".format(j), weight=1,
    rhs=B, direction="<=")
for i in range(n):
Bin[j].addTerms(Items[i], x[i], j)
bpp.addConstraint(Bin[j])

sol, violated = bpp.optimize()

if bpp.Status == 0:
print("solution=")
for i in sol:
print(i, sol[i])

print("violated constraints=", violated)
```

164

```
m = Model()

n = 8
varlist = []
for i in range(n):
varlist.append("x{0}".format(i))

var = m.addVariables(varlist, range(n))

con1 = Alldiff("AD", var, "inf")
m.addConstraint(con1)

for k in range(2, 2 * n - 1):
con2 = Linear("rightdown_{0}".format(k), "inf",
    1, "<=")
for i in range(n):
j = k - n + i
if j >= 0 and j <= n - 1:
con2.addTerms(1, var[i], j)
m.addConstraint(con2)
```

```
for k in range(2, 2 * n - 1):
con3 = Linear("leftdown_{0}".format(k), "inf", 1,
    "<=")
for i in range(n):
j = k - i - 1
if j >= 0 and j <= n - 1:
con3.addTerms(1, var[i], j)
m.addConstraint(con3)

obj = Linear("obj", 1, 0, "<=")
for i in range(n):
for j in range(n):
obj.addTerms((i + 1) * (j + 1), var[i], j)
m.addConstraint(obj)

m.Params.TimeLimit = 1
sol, violated = m.optimize()

if m.Status == 0:
print("solution")
for x in sol:
print(x, sol[x])
print("violated constraint(s)")
for v in violated:
print(v, violated[v])
```

165

```
m = Model()

n = 3
d = [[0, 2, 3], [2, 0, 1], [3, 1, 0]]
f = [[0, 5, 1], [5, 0, 2], [1, 2, 0]]

nodes = ["n{0}".format(i) for i in range(n)]

varlist = m.addVariables(nodes, range(n))

con1 = Alldiff("AD", varlist, "inf")
m.addConstraint(con1)

obj = Quadratic("obj")
for i in range(n - 1):
for j in range(i + 1, n):
for k in range(n):
for ell in range(n):
if k != ell:
obj.addTerms(f[i][j] * d[k][ell], varlist[i], k,
    varlist[j], ell)
m.addConstraint(obj)

m.Params.TimeLimit = 1
sol, violated = m.optimize()

if m.Status == 0:
print("solution")
for x in sol:
print(x, sol[x])
print("violated constraint(s)")
for v in violated:
```

```
print(v, violated[v])
```

166

```
m = Model()
Type = ["A", "B", "C", "D", "E", "F"]  # car ↵
    types
Number = {"A": 1, "B": 1, "C": 2, "D": 2, "E": 2,↵
    "F": 2}  # number of cars needed
n = sum(Number[i] for i in Number)  # planning ↵
    horizon
# 1st line produces car type B and C that has a ↵
    workplace with length 5 and 3 workers
# 2nd line produces car type A anc C that has a ↵
    workplace with length 3 and 2 workers
Option = [["A", "E", "F"], ["C", "D", "F"], ["A",↵
    "E"], ["A", "B", "D"], ["C"]]
Length = [2, 3, 3, 5, 5]
Capacity = [1, 2, 1, 2, 1]

X = {}
for i in range(n):
X[i] = m.addVariable("seq[{0}]".format(i), Type)

# production volume constraints
for i in Type:
L1 = Linear("req[{0}]".format(i), direction="=", ↵
    rhs=Number[i])
for j in range(n):
L1.addTerms(1, X[j], i)
m.addConstraint(L1)

for i in range(len(Length)):
for k in range(n - Length[i] + 1):
L2 = Linear("ub[{0}_{1}]".format(i, k), direction↵
    ="<=", rhs=Capacity[i])
for t in range(k, k + Length[i]):
for j in range(len(Option[i])):
L2.addTerms(1, X[t], Option[i][j])
m.addConstraint(L2)

m.Params.TimeLimit = 1
m.Params.OutputFlag = False
sol, violated = m.optimize()

if m.Status == 0:
print("solution")
for x in sol:
print(x, sol[x])
print("violated constraint(s)")
for v in violated:
print(v, violated[v])
```

167

```
prod = ["0", "a", "b"]  # 製品の種類
T = 5  # 計画期間は5期

S = {"0": 0, "a": 30, "b": 50}  # S[P,T]：単位生↵
    産量
UB = {"0": 0, "a": 50, "b": 50}  # UB[p,t]：在庫↵
```

```
    量の上限
LB = {"0": 0, "a": 10, "b": 10}  # LB[p]：在庫量↵
    の下限
I0 = {"0": 0, "a": 10, "b": 30}  # I0[p]:初期在庫

# D[p,t]：需要量
D = {
("0", 1): 0,
("0", 2): 0,
("0", 3): 0,
("0", 4): 0,
("0", 5): 0,
("a", 1): 10,
("a", 2): 10,
("a", 3): 30,
("a", 4): 10,
("a", 5): 10,
("b", 1): 20,
("b", 2): 10,
("b", 3): 20,
("b", 4): 10,
("b", 5): 10,
}

# F[p,q]：製品p,q間の段取り費用
F = {
("0", "a"): 10,
("0", "b"): 10,
("a", "0"): 10,
("a", "b"): 30,
("b", "0"): 10,
("b", "a"): 10,
}

model = Model()

X = {}  # X[p,t]：製品pを期tに生産するかどうかの0,↵
    -1変数
for t in range(1, T + 1):
X[t] = model.addVariable("X{0}".format(t), prod)

# constraint
for p in prod:
if p == "0":
pass
else:
for t in range(1, T + 1):
D_temp = 0
for i in range(1, t + 1):
D_temp += D[p, i]
con1 = Linear("LB{0}_{1}".format(p, t), "inf", LB↵
    [p] - I0[p] + D_temp, ">=")
for i in range(1, t + 1):
con1.addTerms(S[p], X[i], p)
model.addConstraint(con1)

for p in prod:
if p == "0":
pass
```

```
else:
for t in range(1, T + 1):
D_temp = 0
for i in range(1, t + 1):
D_temp += D[p, i]
con2 = Linear("UB{0}_{1}".format(p, t), "inf", UB↵
    [p] - I0[p] + D_temp, "<=")
for i in range(1, t + 1):
con2.addTerms(S[p], X[i], p)
model.addConstraint(con2)

for p in prod:
if p == "0":
pass
else:
for q in prod:
if q == "0" or p == q:
pass
else:
for t in range(2, T + 1):
con3 = Quadratic("obj{0}_{1}_{2}".format(p, q, t↵
    ), 1, 0, "<=")
con3.addTerms(F[p, q], X[t - 1], p, X[t], q)
model.addConstraint(con3)

model.Params.TimeLimit = 1
sol, violated = model.optimize()

if model.Status == 0:
print("solution")
for x in sol:
print(x, sol[x])
print("violated constraint(s)")
for v in violated:
print(v, violated[v])
```

第 14 章

168

```
JobInfo ={"A": (1,2,3), "B": (2,3,4), "C": ↵
    (1,2,3), "D": (2,4,6), "E": (1,4,7),
"F": (1,2,3), "G":(3,4,5), "H": (1,2,3) }
Pred    ={"A": [], "B": [], "C": ["A"], "D": ["↵
    B"], "E": ["C"],
"F": ["C"], "G":["D","E"], "H": ["F","G"] }
duration ={1:10, 2:20, 3:10, 4:25, 5:22 }

for j in range(3):
model=Model()
act={}
mode={}
for i in JobInfo:
act[i]=model.addActivity("Act[{0}]".format(i))
mode[i]=Mode("Mode[{0}]".format(i),JobInfo[i][j])
act[i].addModes(mode[i])
```

```
for i in JobInfo:
for p in Pred[i]:
model.addTemporal(act[p],act[i])

model.Params.TimeLimit=1
model.Params.Makespan =True
model.optimize()
print("j=",j, "Completion=", act["H"].completion)

# simulation
import matplotlib.pyplot as plt
import random
data=[]
#for n in range(100): #シミュレーション回数を増や↵
    す場合はここを生かす
for n in range(10):
model=Model()
act={}
mode={}
for i in JobInfo:
act[i]=model.addActivity("Act[{0}]".format(i))
mode[i]=Mode("Mode[{0}]".format(i), random.↵
    randint(JobInfo[i][0],JobInfo[i][2]) )
act[i].addModes(mode[i])

for i in JobInfo:
for p in Pred[i]:
model.addTemporal(act[p],act[i])

model.Params.TimeLimit=1
model.Params.Makespan =True
model.OutputFlag=False
model.optimize()
data.append( act["H"].completion)

plt.hist(data);
```

169

```
Question_Number = 1 #問題番号をここに入れる
model=Model()
duration ={1:3, 2:2, 3:2, 4:2, 5:4, 6:4, 7:4, ↵
    8:4, 9:11, 10:2 }
if Question_Number ==3:
for d in duration:
duration[d] -=1
if Question_Number ==1:
res=model.addResource("worker",capacity=4)
else:
res=model.addResource("worker",capacity=3)

act={}
mode={}

for i in duration:
act[i]=model.addActivity(f"Act[{i}]")
if i==1:
mode[1,1]=Mode("Mode[1_1]",3)
mode[1,1].addResource(res,1)
mode[1,2]=Mode("Mode[1_2]",2)
```

```
mode[1,2].addResource(res,2)
mode[1,3]=Mode("Mode[1_3]",1)
mode[1,3].addResource(res,3)
act[i].addModes(mode[1,1],mode[1,2],mode[1,3])
else:
mode[i]=Mode(f"Mode[{i}]",duration[i])
mode[i].addResource(res,1)
act[i].addModes(mode[i])
#temporal (precedense) constraints
if Question_Number ==2:
pass
else:
model.addTemporal(act[1],act[9])
for i in range(5,9):
model.addTemporal(act[4],act[i])
model.addTemporal(act[i],act[10])

model.Params.TimeLimit=1
model.Params.Makespan=True
model.optimize()
```

170

```
model=Model()
duration ={1:1,2:3,3:2,4:2,5:2,6:2}
req={}
req[1]={(0,1):2 }
req[2]={(0,1):2 ,(1,3):1}
req[3]={(0,2):1 }
req[4]={(0,1):1,(1,2):2 }
req[5]={(0,2):2 } #2階を建てる作業（作業時間は2人↩
    で2日）
req[6]={(0,2):1 } #2階の内装を行う作業（作業時間↩
    は1人で2日）

res=model.addResource("worker")
res.addCapacity(0,2,2)
res.addCapacity(2,3,1)
res.addCapacity(3,"inf",2)

act={}
mode={}

for i in duration:
act[i]=model.addActivity(f"Act[{i}]")
mode[i]=Mode(f"Mode[{i}]", duration[i])
mode[i].addResource(res,requirement=req[i])
act[i].addModes(mode[i])

#temporal (precedense) constraints
model.addTemporal(act[1],act[2])
model.addTemporal(act[1],act[3])
model.addTemporal(act[2],act[4])
model.addTemporal(act[2],act[5])
model.addTemporal(act[5],act[4])
model.addTemporal(act[5],act[6])

model.Params.TimeLimit=1
model.Params.Makespan=True
model.optimize()
```

171

```
model=Model()
Jobs=[1,2,3,4,5]
durationA = {1:13, 2:25, 3:15, 4:27, 5:22 }
durationB = {1:12, 2:23, 3:13, 4:26, 5:21 }
durationC = {1:11, 2:21, 3:11, 4:25, 5:20 }

act={}
mode={}
for i in Jobs:
mode[i,1]=Mode(f"Mode[{i}][1]",durationA[i])
mode[i,2]=Mode(f"Mode[{i}][2]",durationB[i])
mode[i,3]=Mode(f"Mode[{i}][3]",durationC[i])
act[i]=model.addActivity(f"Act[{i}]")
act[i].addModes(mode[i,1],mode[i,2],mode[i,3])

res=model.addResource("money",rhs=10,direction="↩
    <=")

for i in Jobs:
res.addTerms(1,act[i],mode[i,2])
res.addTerms(2,act[i],mode[i,3])

#temporal (precedense) constraints
model.addTemporal(act[1],act[3])
model.addTemporal(act[2],act[4])
model.addTemporal(act[2],act[5])
model.addTemporal(act[3],act[4])

model.Params.TimeLimit=1
model.Params.Makespan=True

for i in range(5):
res.rhs=i
print("Budget=",i)
model.optimize()
print()
```

172

```
model=Model()
duration = {1:1, 2:4, 3:2, 4:3, 5:1, 6:4}
release = {1:4, 2:0, 3:2, 4:4, 5:1, 6:5}
weight = {1:3, 2:1, 3:2, 4:3, 5:1, 6:2}

res=model.addResource("machine")
res.addCapacity(0,"inf",1)

act={}
mode={}
for i in duration:
act[i]=model.addActivity(f"Act[{i}]",duedate=0, ↩
    weight=weight[i])
mode[i]=Mode(f"Mode[{i}]", duration[i])
mode[i].addResource(res,{(0,"inf"):1})
act[i].addModes(mode[i])
model.addTemporal("source", act[i], delay=release↩
    [i])

model.Params.TimeLimit=1
```

```
model.Params.Makespan=False
model.optimize()
```

173

```
model=Model()
duration ={1:3, 2:2, 3:2, 4:2, 5:4, 6:4, 7:4, ↩
     8:4, 9:11, 10:2 }

res=model.addResource("worker")
res.addCapacity(0,"inf",3)

act={}
mode={}

for i in duration:
act[i]=model.addActivity(f"Act[{i}]")
mode[i]=Mode(f"Mode[{i}]",duration[i])
mode[i].addResource(res,1)
#mode[i].addBreak(0,"inf","inf")
mode[i].addParallel(1,"inf","inf")
act[i].addModes(mode[i])

#temporal (precedense) constraints
model.addTemporal(act[1],act[9])
for i in range(5,9):
model.addTemporal(act[4],act[i])
model.addTemporal(act[i],act[10])

model.Params.TimeLimit=1
model.Params.Makespan=True
model.optimize()
```

174

包丁，煮込み，飾り付けを0,1,2とする.

```
model=Model()
duration ={(0,1):2, (0,2):4, (0,3):1, (1,1):3, ↩
     (1,2):2, (1,3):4, (2,1):1, (2,2):3, ↩
     (2,3):1}

res={}
for i in range(3):
res[i] = model.addResource(f"worker{i}")
res[i].addCapacity(0,"inf",1)

act={}
mode={}
for i,j in duration:
act[i,j] = model.addActivity(f"Act[{i}{j}]")
mode[i,j] = Mode(f"Mode[{i}{j}]", duration[i,j])
mode[i,j].addResource(res[i],1)
act[i,j].addModes(mode[i,j])

#temporal (precedense) constraints
for i in range(3):
for j in range(1,3):
model.addTemporal(act[i,j],act[i,j+1])
for j in range(1,4):
for i in range(2):
model.addTemporal(act[i,j],act[i+1,j])

model.Params.TimeLimit=1
model.Params.Makespan=True
model.optimize()
```

索　　引

全 3 巻分を掲載／太字：本巻

著者略歴

久保幹雄
<ruby>久<rt>く</rt></ruby> <ruby>保<rt>ぼ</rt></ruby> <ruby>幹<rt>みき</rt></ruby> <ruby>雄<rt>お</rt></ruby>

1963 年　埼玉県に生まれる
1990 年　早稲田大学大学院理工学研究科
　　　　　博士後期課程修了
現　在　東京海洋大学教授
　　　　　博士（工学）

Python による実務で役立つデータサイエンス練習問題 200+
2. 科学計算の基礎と予測・最適化　　　　定価はカバーに表示

2023 年 5 月 1 日　初版第 1 刷

著　者　久　保　幹　雄

発行者　朝　倉　誠　造

発行所　株式会社　朝　倉　書　店

東京都新宿区新小川町 6-29
郵 便 番 号　162-8707
電　　話　03(3260)0141
Ｆ Ａ Ｘ　03(3260)0180
https://www.asakura.co.jp

〈検印省略〉

シナノ印刷・渡辺製本

ISBN 978-4-254-12282-4　C 3004　　　　Printed in Japan

Python インタラクティブ・データビジュアライゼーション入門
―Plotly/Dash によるデータ可視化と Web アプリ構築―

@driller・小川 英幸・古木 友子 (著)

B5 判／288 頁　978-4-254-12258-9 C3004　定価 4,400 円（本体 4,000 円＋税）

Web サイトで公開できる対話的・探索的（読み手が自由に動かせる）可視化を Python で実践。データ解析に便利な Plotly，アプリ化のためのユーザインタフェースを作成できる Dash，ネットワーク図に強い Dash Cytoscape を具体的に解説。

Transformer による自然言語処理

Denis Rothman(著)／黒川 利明 (訳)

A5 判／308 頁　978-4-254-12265-7 C3004　定価 4,620 円（本体 4,200 円＋税）

機械翻訳，音声テキスト変換といった技術の基となる自然言語処理。その最有力手法である深層学習モデル Transformer の利用について基礎から応用までを詳説。〔内容〕アーキテクチャの紹介／事前訓練／機械翻訳／ニュースの分析。

FinTech ライブラリー　Python による金融テキストマイニング

和泉 潔・坂地 泰紀・松島 裕康 (著)

A5 判／184 頁　978-4-254-27588-9 C3334　定価 3,300 円（本体 3,000 円＋税）

自然言語処理，機械学習による金融市場分析をはじめるために。〔内容〕概要／環境構築／ツール／多変量解析（日銀レポート，市場予測）／深層学習（価格予測）／ブートストラップ法（業績要因抽出）／因果関係（決算短信）／課題と将来。

Python と Q#で学ぶ量子コンピューティング

S. Kaiser・C. Granade(著)／黒川 利明 (訳)

A5 判／344 頁　978-4-254-12268-8 C3004　定価 4,950 円（本体 4,500 円＋税）

量子コンピューティングとは何か，実際にコードを書きながら身に着ける。〔内容〕基礎（Qubit，乱数，秘密鍵，非局在ゲーム，データ移動）／アルゴリズム（オッズ，センシング）／応用（化学計算，データベース探索，算術演算）。

化学・化学工学のための実践データサイエンス
―Python によるデータ解析・機械学習―

金子 弘昌 (著)

A5 判／192 頁　978-4-254-25047-3 C3058　定価 3,300 円（本体 3,000 円＋税）

ケモインフォマティクス，マテリアルズインフォマティクス，プロセスインフォマティクスなどと呼ばれる化学・化学工学系のデータ処理で実際に使える統計解析・機械学習手法を解説。Python によるサンプルコードで実践。